科學

打動人心的色彩科學

松本英惠—著
陳朕疆——譯

三民書局

前言

我們的周圍有各式各樣的「顏色」。不只是顯眼的東西、鮮豔的東西，某些乍看之下色彩沒那麼豐富的東西，之所以會讓我們深有感觸，也是因為顏色在這裡起了意想不到的作用。

譬如一杯咖啡。咖啡是棕色的，並不是什麼耀眼的顏色。比起顏色，大多數人對咖啡的香氣與味道應該有比較深的印象才對。不過，這個棕色不只能讓我們感到溫暖，也有讓我們放鬆的效果，可以說是有些特別的顏色。此外，在咖啡廳這樣的空間中，處處可見多彩繽紛的顏色，就連店內的商品包裝也會使用各種色彩寫出形容味道的文字。讓我們不只透過鼻子和舌頭來品嚐咖啡，也會在不知不覺中透過眼睛來選擇咖啡，且樂此不疲。

這也是理所當然，因為人類可透過視覺、聽覺、觸覺、嗅覺、味覺等所謂的五感來獲得資訊，但其中由視覺獲得的資訊是最多的，而且，比起形狀，顏色更容易影響我們的感覺。包括咖啡在內，本書將藉由各種身邊的事物，介紹這個神奇的顏色世界。

首先要介紹的是顏色的神奇之處（第 1 章）。我們認知中的「顏色」，本質究竟是什麼呢？人的眼睛又是用什麼樣的方式看到物體與光的呢？讓我們從這些根本性的問題開始，並進一步討論「人的靜脈並非藍色」等近年來的熱門研究問題。

接著要介紹的是熱門商品、店鋪與品牌等，如何應用顏色吸引客人，以及身邊的各種用品為什麼會固定使用某些顏色（第 2 章）。當我們把焦點放在顏色上時，那些沒想太多就買下來使用的東西，也會呈現出不為人知的一面吧！再來，我們還會提到一些例子，說明顏色的組合、排列方式與呈現方法等高階技巧（第 3 章）。

最後要說明的是，那些可以應用在專題報告或商務會議時的顏色使用方式，以及各位很熟悉的英雄戰隊、偶像團體的顏色使用規則（第 4 章）。看完這章後，想必你也能明白到，不只是物體的顏色，人類本身，甚至是人與人之間的關係也深受顏色的影響。

誠摯希望拿起這本書的你，在閱讀過本書後，身體與大腦、感情與心靈對於「顏色的力量」能有進一步的認識，並希望這些「使用顏色、不被顏色迷惑的智慧」能在未來助你一臂之力。

在正式進入第 1 章前，除了請你先喝下一杯咖啡之外，也讓我們來想想看咖啡廳這個場所的意義，以及它與顏色的關係吧！

圖片來源：Shutterstock

目錄

前言 I

序章
我們連喝咖啡的時候都會用眼睛品嚐

咖啡廳的顏色與燈光，不知為何地讓人感到平靜 2
為什麼你會有「總之先來杯咖啡吧」的想法？ 4
第二波是「綠」，第三波是「藍」 6
用各種不同的「顏色」來分辨咖啡 8

第1章
奇妙的顏色

顏色並不存在 12
牛頓從「白光」中發現的祕密 14
為什麼彩虹有七種顏色？ 16
為什麼我們看得到光？ 18
天空的藍與大海的藍並不相同 20
當你想看到「一朵雲都沒有的藍天」的藍色時 22
光的本質是波，也是粒子 24
為什麼藍光和黃光混合後會得到白光？ 26
黃昏時的綠燈看起來比白天還要亮 28
為什麼維生素 A 可以保養眼睛？ 30
為什麼「色覺障礙」不再是正式稱呼？ 32
居然有人可以分辨出一億種顏色！ 36
不同的動物，看到的世界也不一樣 38

在二十一世紀時誕生的藍光 LED，以及由其衍生而來的白光 40
彩色印刷的 CMYK 源自眼睛與大腦的混色 42
為什麼彩色印刷時藍色和綠色會變得有些黯淡？ 44
暴怒時冒出來的青筋居然是灰色的 !? 46
在春季夜空中閃耀著的夫婦星是什麼顏色？ 48
廁所的男女標示到了 1960 年代才逐漸普及 50
古時日語中的「藍」指的是朦朧的顏色？ 52
要將「水色」加入基本色彩詞嗎？ 54

專欄　又稱作「勝色」的武士藍有三種效果 56

第 2 章
為什麼人們會買下特定商品呢？

為什麼某些店家特別吸引人上門呢？ 60
長銷商品應選擇耐看的顏色 62
為什麼日本的存摺只有三種顏色？ 64
圍繞著魯布托紅底鞋的國際官司 66
一年有 2 億美元營收的 Google 用的是哪種藍色？ 68
特定的顏色和燈光會讓人想要「再買一個」、「再喝一杯」 70
智慧型手機的配色有規則可循 72
為什麼戴森的顏色策略會成功？ 74
家電量販店與居酒屋的目標客群是男人？ 76
為什麼快時尚服飾店可以吸引女性顧客上門？ 78
「流行色賣得很好」是個謊言 80
「基本款的顏色很耐看」也是謊言 82
便利商店內就有賣適合每個人顏色的口紅 84
成功的顏色客製化商品需要一定的機制 86

為什麼萬聖節的顏色策略會成功？ 88
男孩之所以不喜歡粉紅色是因為受到大人的影響？ 90
什麼顏色的蛋最好吃呢？世界各地的人們看法相同嗎？ 92
在收銀臺前要注意！有些顏色會讓人衝動購物 94

專欄　會沉迷於美肌 App 是因為「記憶色」 96

第3章
只有專家知道的「用色訣竅」

讓重訓中的男人產生動力的顏色 100
反映出女性生活方式的千禧粉紅 102
為什麼會既濃厚，又清爽呢？ 104
為什麼顏色看起來不一樣？連奧客都不得不接受！ 106
為什麼要將橘子和秋葵放入網袋內？ 108
為什麼搬家用的紙箱常是白色？ 110
戲劇中的女主角很愛用的手提箱 112
面積常是訂做套裝時失敗的原因 114
人體對藍光的反應 116
不知為何會讓人想拿取的黃金區域 118
以色彩排列來引導視線的基礎知識 120
運用亮度差或彩度差來凸顯目標 122
黑色衣服的不同擺設方式分別有什麼目的呢？ 124
陳列的基本形狀為金字塔型 126

專欄　在雜誌與社群網站中找到嚮往的「自己」 128

第4章

引導自己與團隊邁向成功的「顏色法則」

如何用「紅色」提高注意力？ 132

如何用「藍色」提高創造力？ 134

賭場示範給你看！增加你下注金額的「綠色」 136

文件資料常使用的「三種顏色」 138

如何選擇打動人心的主題色？ 140

道歉記者會時，要穿什麼顏色的西裝才對呢？ 142

面臨重要場合時，請先確認照明用燈光的顏色 144

有 55% 的人會被綠色領帶騙走？ 146

「紅色是隊長的顏色」這句話的謬誤與真實 148

粉紅戰士與 Pink Lady 的影響 152

擁有多面向的角色會用什麼顏色？ 156

美少女戰士的粉紅色有什麼意義嗎？ 162

男性偶像團體中代表色是粉紅色的人 164

男性偶像團體扮演的戰隊有一段故事 166

團隊成員改變代表色的方法 168

為什麼錢形老爹要穿「棕色」的大衣？ 170

女性偶像團體的顏色分配 172

女性偶像令人印象深刻的顏色與外型 174

髮色有著改變人生的力量 176

猶豫的時候，就用「萬用的白色」吧！ 178

參考資料 180

序章

我們連喝咖啡的時候
都會用眼睛品嚐

咖啡廳的顏色與燈光，不知為何地讓人感到平靜

咖啡廳常是女生聚會與年輕人的約會地點。近年來，在 Instagram 上貼出咖啡廳甜點的女性愈來愈多了。而在男性方面，雖然有部分男性不怎麼喜歡到咖啡廳，卻也有不少男性會在咖啡廳內打開書或電腦，一邊飲用著咖啡，一邊做自己的事。

為什麼咖啡廳會吸引許多人上門呢?都市計畫專家，同時也是建築專家的克里斯托佛・亞歷山大 (Christopher Alexander) 曾在他的著作 *A Pattern Language* (1977) 中提到了各種都市環境的分析結果，其中也包含了路邊的咖啡廳。

根據亞歷山大的說法，人們會在咖啡廳內一邊思考，一邊消磨時間，也會在這裡遠遠眺望不斷變動中的世界。看到現在的咖啡廳，顧客一家比一家多，至少我們可以確定這對人們來說是一個可以放鬆心情的地方。

亞歷山大提到，燈光的顏色與空間的顏色可以影響到空間的舒適性。在日本的咖啡廳內，為了營造出悠閒恬靜的氣氛，常會用「木頭」或者是木頭色系作為主色調，並將自然光、反射光以及人造光等光源，組合搭配成溫暖的光線。而且，為了讓前來的顧客能找到自己喜歡的空間，還會準備多種桌子與椅子。包圍著整個咖啡廳的溫暖燈光，營造出了一個舒適的空間。

在這悠閒舒適的空間中，有些地方比較亮，有些地方比較暗，呈現出了一定的對比。而且，這不只是能讓熟悉的人之間親密對話的地方，也是能讓人感受到自己正逐漸融入都市空間中的場所。

順帶一提，咖啡廳 (café) 這個字，原本是指咖啡本身，後來卻用來表示可以讓人喝咖啡的店家。

能讓人心情平靜的咖啡廳多是使用木製餐桌，也會在照明上下許多功夫

圖片來源：Shutterstock

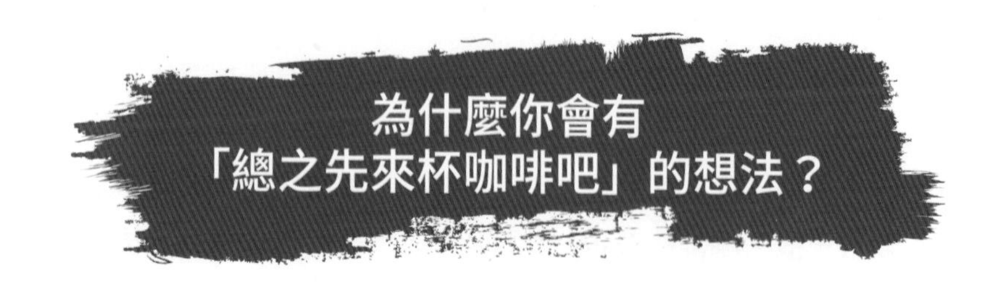

為什麼你會有「總之先來杯咖啡吧」的想法？

有時候，即使知道咖啡廳內可能有許多年輕人在嬉鬧，大人們仍會產生「總之先來杯咖啡吧」的想法，找一家氣氛悠閒的咖啡廳，與朋友聊聊天，或者商談事務。如果是商談的話，比起前面提到的那種能看到外頭景色的咖啡廳，或許選擇一個遠離熱鬧街道的店家會比較好。

無論如何，從咖啡中攝取到咖啡因後，會使中樞神經興奮，喚醒大腦。隨著咖啡豆種類的不同，咖啡香的效果也不一樣，主要可以分為能促進大腦活化的香氣，以及能使人放鬆的香氣。

除了這種藉由攝取咖啡中某些物質而獲得的效果之外，咖啡也有著視覺上的效果。咖啡是棕色的，棕色同時擁有暖色系與冷色系的效果，除了能讓人感到溫暖之外，也有著舒緩心情的功效，是個有些特別的顏色。

「咖啡風味輪 (Coffee Taster’s Flavor Wheel)」是一種表示咖啡風味的方法。咖啡風味輪將咖啡風味分成了水果味 (fruity)、花香 (floral)、甜味 (sweet) 等幾個大類別，再進一步分成許多中類別、小類別。如下圖中將咖啡風味分成了 110 種，每種風味用一種顏色代表。雖然這裡的顏色只是一種象徵，但在視覺上很好理解，也能讓人聯想到：棕色的咖啡其實蘊藏著豐富的風味。

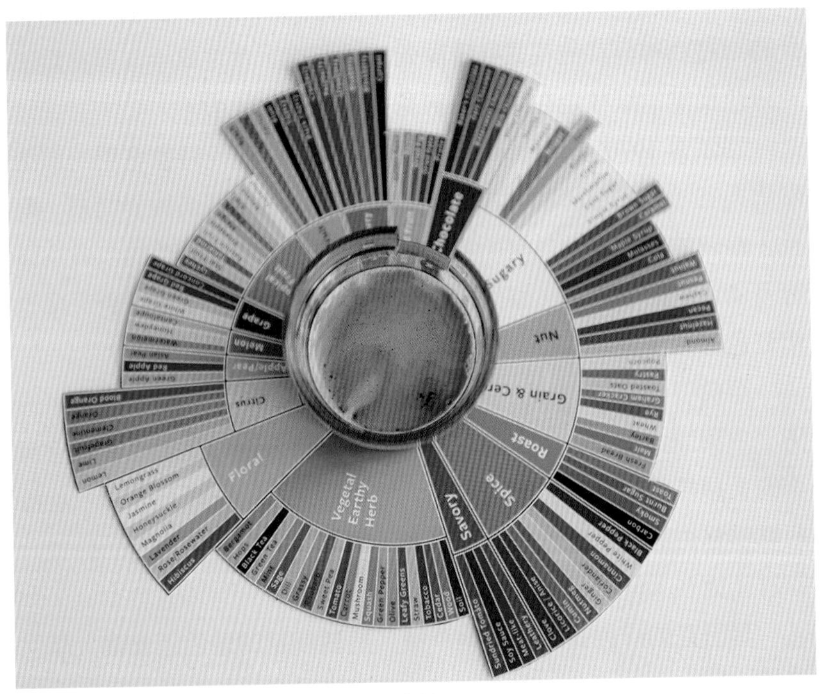

利用顏色來表達咖啡風味的咖啡風味輪

圖片來源：Shutterstock

第二波是「綠」，第三波是「藍」

1996 年 8 月成功進入日本市場的星巴克咖啡 （以下簡稱星巴克），是日本第一個「全面禁菸」的咖啡廳。隨著時代的變遷，人們開始重視生活方式，對於不吸菸的人來說，首選的咖啡廳連鎖店就是星巴克，使星巴克成了一個時代的標誌。

星巴克的流行在日本咖啡業界中稱作「第二波 (Second Wave)」。此時拿鐵咖啡與其他花式咖啡開始流行起來，女性單手拿著有星巴克綠色標誌的紙杯走在路上，被認為是時髦的象徵。

回頭看 1970 年代的「第一波 (First Wave)」，此時家庭用的即溶咖啡與咖啡廳的品牌咖啡逐漸普及，使喝咖啡的習慣擴展開來。而且，當時的即溶咖啡也有所謂的名牌，他們用不同顏色的包裝盒區分不同產地的咖啡豆，譬如藍山用藍色、吉力馬札羅用綠色、摩卡用紅色等。

至於「第三波 (Third Wave)」，則以 2015 年 2 月時，從東京的清澄白河開始進入日本市場的藍瓶咖啡為代表。你是否也曾看過清爽的藍瓶標誌呢？其特徵在於仔細地以手工沖出一杯杯咖啡，且藍瓶咖啡是由專任買家直接向世界各地的農家契約採購，有助於提升咖啡產地在人們心目中的價值。

星巴克的綠色會讓人覺得平穩，藍瓶咖啡的藍色則會讓人產生憧憬。

而接下來的「第四波 (Fourth Wave)」正逐漸成為熱門話題。2018 年 2 月，日本三大便利商店之一的 LAWSON 開始販售限量的「MACHI café 單品咖啡——巴拿馬寶貝藝妓 (Baby Geisha)」(含稅 500 日圓)，以此為契機，咖啡在各媒體上引起了一陣熱潮。藝妓咖啡豆來自衣索比亞西部一個叫作「藝妓村 (Gesha Village)」的地方，在咖啡專賣店內一杯可以賣到 1500～2000 日圓。第四波的象徵色尚不明確，不過巴拿馬寶貝藝妓這個商品的形象色用的是藍綠色。

東京的星巴克店面，店員的圍裙是綠色。順帶一提，被認可為有豐富咖啡知識的店員，會穿上黑色圍裙

圖片來源：Shutterstock

用各種不同的「顏色」來分辨咖啡

現在的我們可以輕而易舉地在便利商店，以合理的價格買到一杯普通的咖啡。另一方面，在自家飲用咖啡的方式也在改變，其中，膠囊咖啡愈來愈受到矚目。

想喝咖啡的時候，只要將特製的膠囊放入機器內，就能萃取出咖啡，和在咖啡廳一樣，能享受到現萃咖啡的美味。譬如雀巢的 "Nespresso" 系列，就有著 25 種以上的膠囊咖啡，一顆膠囊的價格約為 70～90 日圓。

膠囊咖啡可分為濃縮咖啡、咖啡因減量咖啡等六大類，接著還可再以味道與香氣細分，然後以各種不同顏色的膠囊，讓使用者自行選擇今天要喝哪種咖啡，增添飲用咖啡的樂趣。雀巢還有販賣專門用來收納多個膠囊咖啡的展示盒，可以當作擺設小物妝點家中。

如同前面所介紹的，棕色的咖啡有著豐富的香味，品嚐咖啡的空間也愈來愈多樣化，兩者的發展形成了一個特殊的文化。人們可以靠著各種感官享受咖啡的美好，而在表達這樣的感受時，除了使用言語之外，還會用到色彩，因為在人類的五感中，視覺是非常發達的一種感官。

就連咖啡，都有不少人會用眼睛來「品嚐」。由此可見，若我們更了解色彩的世界，不只生活會變得更豐富，想必對戀愛與事業也會有很大的幫助吧！

Nespresso 已遍布世界各地。照片為西班牙的 Nespresso 專賣店，店內可看到許多不同顏色的膠囊咖啡包裝盒排列在架上　圖片來源：Shutterstock

膠囊咖啡機有很多種，不過多數品牌的膠囊咖啡都會以顏色區分種類

圖片來源：Shutterstock

第1章

奇妙的顏色

顏色並不存在

藍色的天空、綠色的草地、色彩繽紛的花朵、街道上穿梭往來的人們身上穿著的各色服裝，出現在我們周圍的顏色數都數不清。只要我們一睜開眼睛，就能看到各種顏色，但現代的科學家認為，顏色其實並不存在。

著有《色彩列傳：藍色》(*Blue: The History of a Color*, 2000) 的米歇爾・帕斯托羅 (Michel Pastoureau) 曾說過「只有當被人們看到之後，顏色才存在」。確實，在閉上眼睛之後，我們就看不到顏色了。並不是色彩存在於眼前，而是我們把它視為色彩。我們感覺到的顏色，完全是人類自己的認知。

那麼，人類又是怎麼感覺到顏色的呢？古希臘哲學家亞里斯多德 (Aristotle, 384～322 B.C.) 曾說過「顏色源自於光與暗、白與黑之間」，要是沒有光的話，我們就看不到顏色。亞里斯多德有注意到光與顏色間的關係，但直到二十世紀之後，我們才明白了顏色的本質。

光是電磁波的一種，擁有波的性質。波有波峰和波谷，一個波峰與下個波峰的距離，或者是一個波谷與下個波谷的距離，稱為波長。人類的眼睛可以看到波長為 380 奈米到 780 奈米的電磁波，故這個範圍內的電磁波也稱作可見光。太陽光除了可見光之外，還包含了波長比可見光短的紫外線與 X 射線，以及波長比可見光長的紅外線與微波，然而人眼看不到這些電磁波。

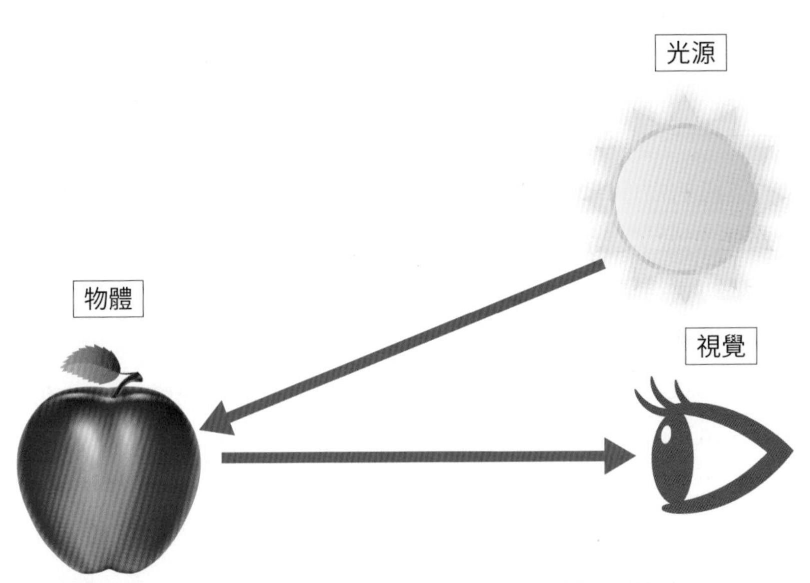

需同時具備「光源」、「物體」與「視覺」，我們才感覺得到顏色

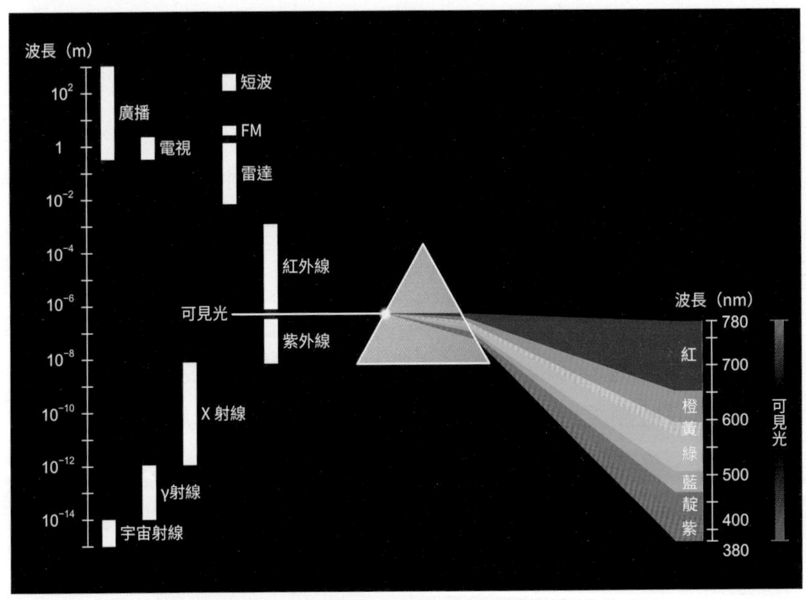

人類可以看到可見光，並可將不同波長的可見光看成不同顏色

牛頓從「白光」中發現的祕密

英國的物理學家──艾薩克．牛頓 (Isaac Newton, 1643～1727) 於 1666 年做了三稜鏡實驗，這個實驗的結果包含了很重要的線索，可以幫助我們了解光與顏色的關係。自古以來，人們就知道「太陽的白光通過玻璃製的三稜鏡後，會被分解成像彩虹一樣的多種顏色」。有人認為，牛頓的實驗是參考勒內．笛卡兒 (René Descartes, 1596～1650) 著作中的《屈光學》(*Dioptrics*)。

出生於法國的笛卡兒於 1637 年發表了著作《方法論》(*Discourse on the Method*)，並在這本書中提到，彩虹是太陽的「白光」通過空氣中的微小水滴時發生折射而產生的現象，將各種顏色的光再度聚集起來後，便可重現出「白光」。

牛頓曾使用三稜鏡、凸透鏡及狹縫等裝置，以嚴謹的方式進行各式各樣的實驗。他先讓白光通過第一個三稜鏡，散開成各色光線，再用凸透鏡將光線聚集起來，然後通過第二個三稜鏡，確認最後會得到白光。再來，他從通過第一個三稜鏡後散開的光線中，任意選取兩種顏色的光，然後透過凸透鏡與第二個三稜鏡混合這兩種顏色的光，得到白光以外其他顏色的光。

由牛頓的實驗可以知道，彩虹光譜中的各種色光並非在三稜鏡的折射面上產生，各種色光本來就存在於白光內，只不過是在通過三稜鏡時分散開來成為各色光芒。牛頓告訴我們，人類之所以能感覺到顏色，光是一個必備要素。

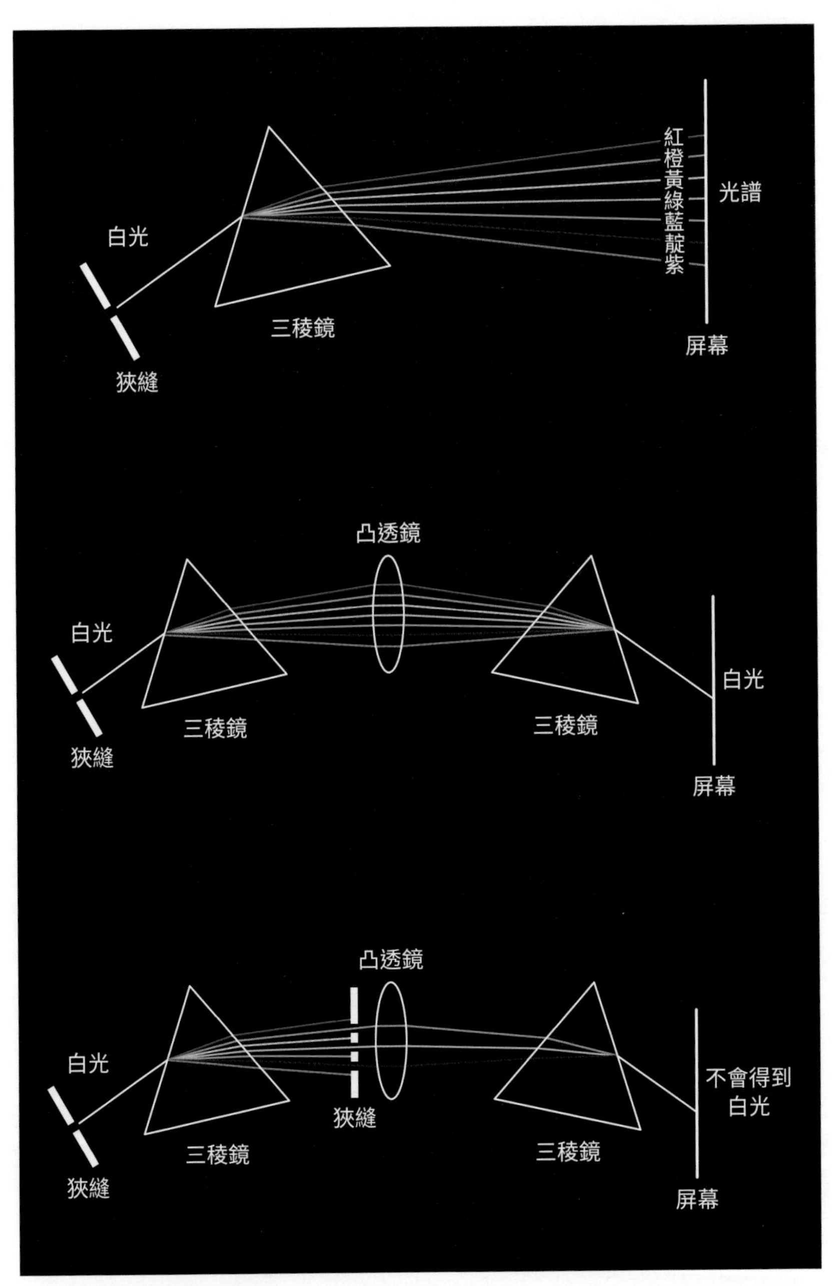
白光
狹縫
三稜鏡
紅
橙
黃
綠
藍
靛
紫
光譜
屏幕
凸透鏡
白光
狹縫
三稜鏡
三稜鏡
白光
屏幕
凸透鏡
白光
狹縫
狹縫
三稜鏡
三稜鏡
不會得到
白光
屏幕

◎牛頓用三稜鏡做的實驗

為什麼彩虹有七種顏色？

白光通過三稜鏡時，不同顏色——或者說不同波長的光會因為折射率不同而分散開來，所以我們會看到各種顏色的光朝著不同方向射出。波長較長的紅光折射率較小，波長較短的紫光折射率較大。天空中的彩虹也是在同樣的原理下產生的。

牛頓將經過三稜鏡後散開來的光譜分成七種顏色，並一一命名。牛頓除了對自然科學有很大的貢獻，也是一位虔誠的基督教信徒，在基督教中，七是一個很特別的數字。還有在音樂的世界裡，也將音階分為七個音。像這樣「七」一直被人們視為自然界中的基本數字，或許這就是牛頓將彩虹分為七個顏色的原因。

七色中，紅 (red)、黃 (yellow)、綠 (green)、藍 (blue)、紫 (violet) 等五色是當時的英國人熟悉的顏色名稱，而橙 (orange) 是水果的名稱，靛 (indigo) 則是染料的名稱，兩者皆為原產於印度的進口品。十六世紀以後，生活水準大幅提升的歐洲各國，開始追求更美麗的顏色，使顏料素材的交易蓬勃發展，甚至試圖控制顏料產地。十七世紀時，英國開始侵略印度，並與荷蘭及法國發生戰爭，確立了其霸權地位。

牛頓提出了不同於歐陸學者的學說，成為牛津大學的教授，並獲得了爵士的稱號。對牛頓來說，選擇來自印度的橙與靛，作為紅與黃、藍與紫之間的顏色名稱，或許有著很重要的意義吧！

英國以前的柳橙都進口自印度，之後才遍植於世界各地。而橙色就源自於印度原生種柳橙的顏色（照片為示意圖）

靛色原本是指以木藍 (indigo) 製成之染料的顏色 。 現在我們也會用印度藍 (indigo blue) 來描述類似的牛仔褲顏色

為什麼我們看得到光？

我們之所以能看得到顏色，是因為特定顏色的光進入眼中的關係，譬如霓虹燈和紅綠燈產生的色光。那麼，本身不會發光的「物體」又為什麼會有顏色呢？

顏色大致上可以分為光源色與物體色。光源色指的是霓虹燈、紅綠燈、太陽、電燈泡與蠟燭等光源所發出之光線的顏色。這些光通過稜鏡後會散開，不同波長的光會有不同顏色。物體色則是當光照到物體再進入眼中時，眼睛所看到該物體的顏色。物體色又可以分成表面色（反射色）與透過色。

我們會將物體照光後反射的光的顏色，當成該物體的顏色。蘋果看起來之所以是紅色，是因為蘋果只會反射紅光，並吸收其他顏色的光。同樣地，藍色物體只會反射藍光，黃色物體只會反射黃光，白色物體可以反射所有顏色的光。而黑色物體則可吸收所有顏色的光，不會反射任何色光，看起來才是黑色的。

透過色是指光穿過半透明物質時，穿出之光線的顏色。檸檬蘇打看起來是綠色，是因為只有綠光可以穿過，而其他色光則會被檸檬蘇打吸收。

將同一種物體放在不同的光源下，可能會呈現出不同的顏色。不過，不管是光源色還是物體色，都是因為各種波長的光進入眼睛，我們才看得到顏色。

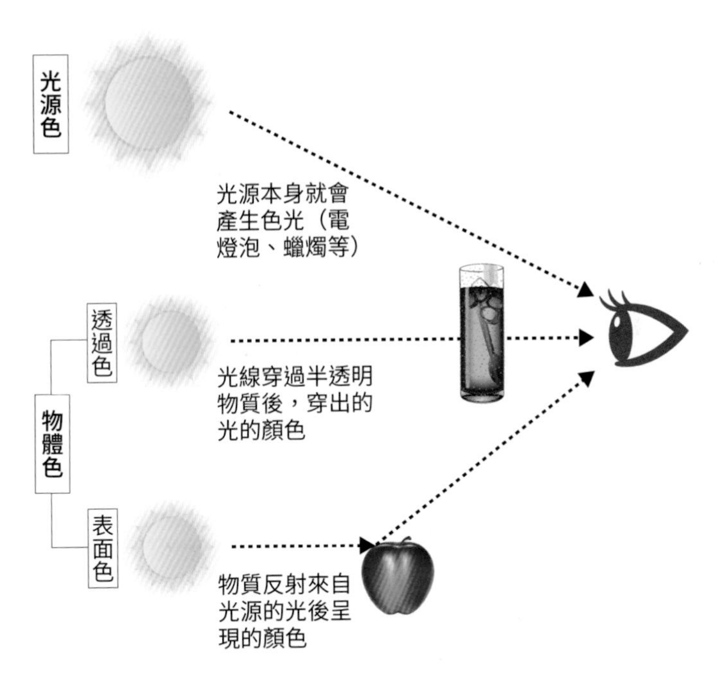

光源色與物體色的差異

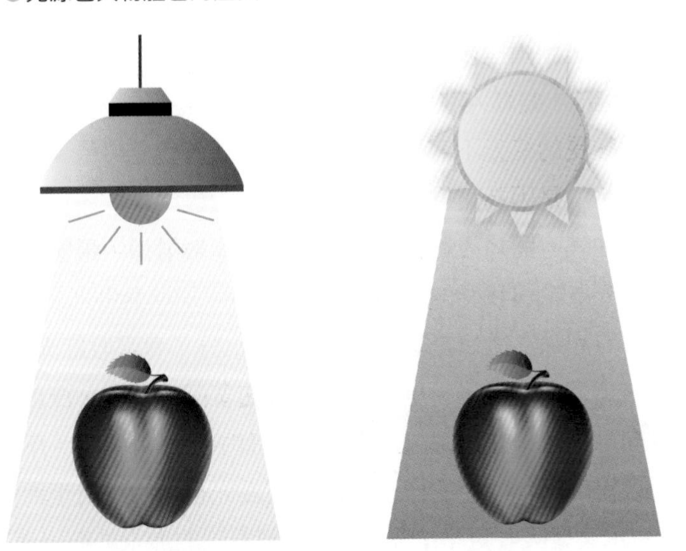

不同光源下，會看到不同的顏色

天空的藍與大海的藍並不相同

谷川俊太郎與堀本惠美子的詩畫集《藍色是遙遠的顏色》(*青は遠い色*，1996）中，收錄了下面這首詩。

再怎麼深切地嚮往，再怎麼強烈地追求，
都無法觸碰到那個藍。
若試著捧起，藍色的海水就變成了淡而混濁的鹽水，
若試著靠近，藍色的天空就愈顯得空無一物、無邊無際。
就連鬼火，也燃燒著藍色的光芒。
藍色是遙遠的顏色。

有人認為，天空看起來之所以是藍色，是因為瑞利散射(Rayleigh scattering) 的緣故。大氣中有許多比光的波長還要小的粒子飄浮著，光碰到這些微粒時會散射，其中，波長較短的藍光散射程度最大，藍光才會進入我們的眼中，所以我們看到的天空是藍色的。

波長較長的紅光不容易散射，所以可以傳得比較遠。夕陽之所以是紅色，就是因為黃昏時，太陽光需在大氣中走一段很長的距離才能抵達地表，而這段路程中，藍光會逐漸散射掉，最後只有不易散射的紅光能抵達我們的眼睛。

而海看起來之所以是藍色，則是因為水分子會吸收紅光的關係。太陽的白光進入水中後，呈現的顏色會隨著深度改變，深度愈深，就愈偏向水藍色。在光線無法抵達的深海中是一片黑暗，不過淺海海底則會呈現出水藍色的樣子。這是因為光自海底反射至海面的過程中，海水又會吸收更多紅光，於是我們看到的海水就顯得更藍了。

夕陽的光中，紅光會傳得特別遠

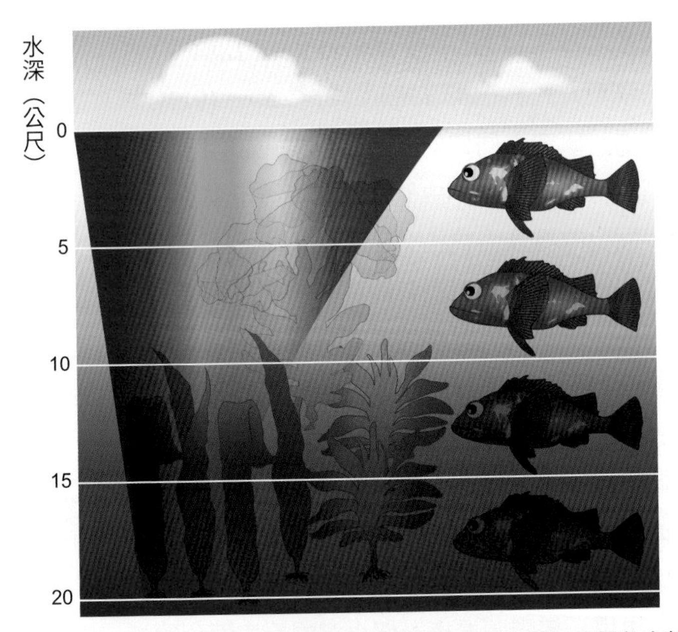

射入水中的白光隨著水深愈深，反射進我們眼中所見的顏色愈藍

當你想看到「一朵雲都沒有的藍天」的藍色時

顏色可以分為光源色與物體色，但實際看到時，我們不見得能分出兩者的差別。

比方說，以顯示器呈現的電子書畫面固然會自行發光，但看起來就和一般紙張一樣。拍攝火焰和電燈泡的照片，再將其放在顯示器上呈現，也同時印出實體照片比較，會發現兩者看起來都有放射出光芒的感覺。

以上例子告訴我們，光源色與物體色為物理上的分類，卻不一定能完全說明我們對顏色的感覺。

德國的心理學家 D. 卡茲 (David Katz, 1884～1953) 在他的著作《色彩的呈現方式》(*Appearances of Colors*, 1911) 中，站在實驗現象學的立場，研究人們如何看待顏色，並說明了人們看到九種顏色時，分別會有什麼感覺。由他的理論發展出來的色彩學，特別重視面色與表面色的概念。

視野範圍內一朵雲都沒有的藍天，就是一種面色。看著藍天的人，對於這個空間的位置關係與距離感並不明確，面對的就像是在他的眼前往上下左右擴展的一個平面。想必你也曾經有過這樣的經驗：當我們把手伸向藍天時，就好像可以抓到天空一樣。面對面色時，我們只能感覺到顏色，無法感覺到表面材質或縱向距離。

表面色則是一般物體表面所呈現的顏色。看著表面色的人，可以明確感覺到位置關係與距離感，就像是面對一個明確的物體一樣。不過，如果用一隻眼睛透過一個小洞觀看表面色的話，看起來就會與面色相似，也因此，面色又被稱作開口色。

看著藍天的人，無法明確感覺到位置關係與距離感

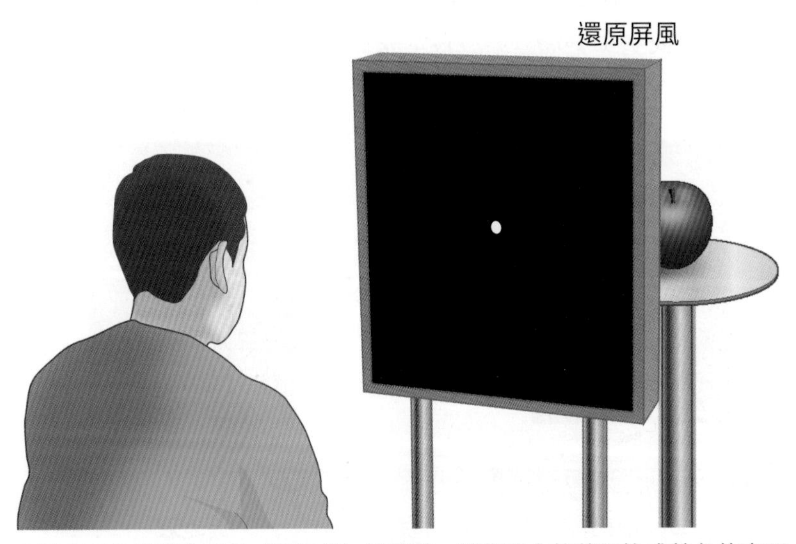

將表面色轉變為面色（開口色）的實驗。若將圖中的蘋果換成藍色的東西，看起來就會像是一朵雲都沒有的藍天

光的本質是波，也是粒子

牛頓在他的著作《自然哲學的數學原理》(*Mathematical Principles of Natural Philosophy*, 1687) 與《光學》(*Opticks*, 1704) 中，提出「光的本質是粒子」，也就是「光粒子說」。這與荷蘭的數學家克里斯蒂安．惠更斯 (Christiaan Huygens, 1629～1695) 提出的假說彼此對立。惠更斯在他的著作《關於光的討論》(*Treatise on Light*, 1690) 中提出的是「光波動說」。

光究竟是「粒子」還是「波」呢？在之後的兩百年，相關爭論一直圍繞在這兩個假說間。十八世紀時，光粒子說較占優勢，到了十九世紀，卻是光波動說較占優勢。

1905 年，德國出身的物理學家阿爾伯特．愛因斯坦 (Albert Einstein, 1879～1955) 在一篇與「光量子說」有關的論文內提出了新的想法，他認為光不僅是電磁波，而且還是光量子（光子束）。在愛

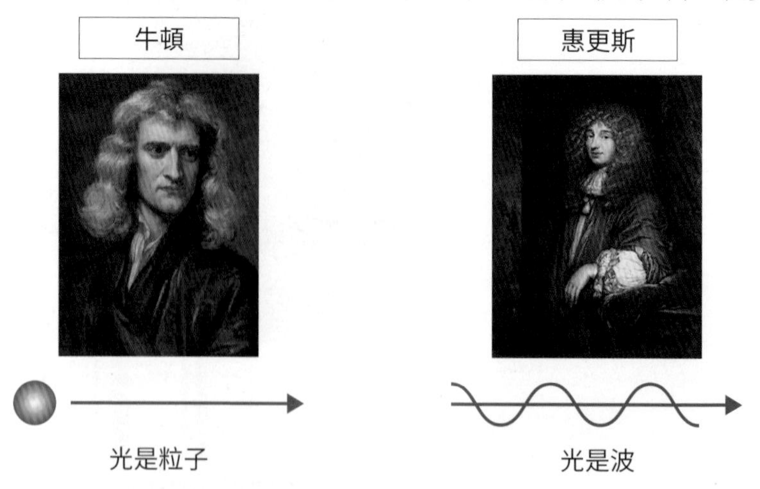

◎在二十世紀之前，人們都不曉得光的本質是什麼

因斯坦提出了這個像是折衷的說法之後，對於光的性質的爭論才畫下休止符。

現在的人們認為，光同時具有「波」與「粒子」的性質。由於光有波動的性質（波動性），故可以用「波長」這個字描述不同的光。波長指的是光振動一次時前進的距離，以奈米為單位。前面提到的可見光波長為 380～780 奈米，其中，紫光的波長為 380～450 奈米，紅光為 620～780 奈米。

另一方面，光也有「粒子」的性質，粒子的多寡會影響到光的亮度。明亮的光線含有較多粒子，黯淡的光線則含有較少粒子，這種光的粒子稱作「光子 (photon)」。

那麼，要怎麼表示光有多亮呢？我們主要會用照度來表示光的亮度，單位為勒克斯 (lx)。晴天時的太陽光約為 10 萬勒克斯。以光子的個數來表示的話，相當於每平方公尺的大小每秒有 1000 兆個光子抵達地表。

綜上所述，光的「波長」與顏色有關，「光子」的個數則與光的亮度有關。

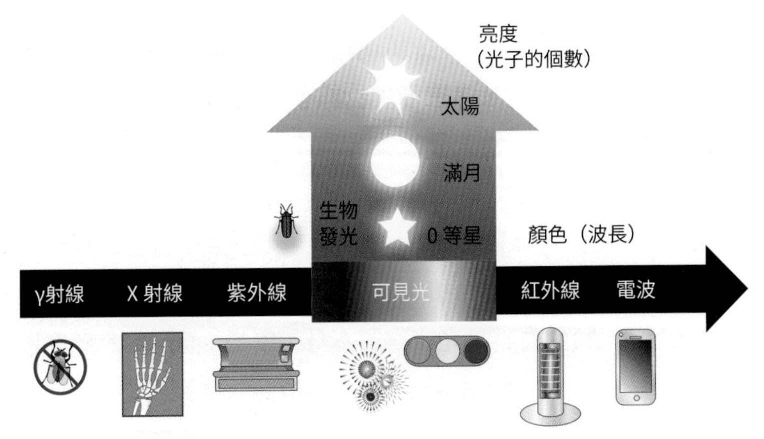

光的顏色由波長決定，亮度則由光子數決定

為什麼藍光和黃光混合後會得到白光？

愛因斯坦的「光量子說」中認為，光的本質是波，也是粒子。

對於牛頓的主張「白光由七種顏色的光混合而成」，惠更斯提出了質疑 「為什麼將藍光與黃光混合之後也能得到白光呢？」 直到 1866 年，也就是愛因斯坦提出光量子說的不久前，赫爾曼．馮．亥姆霍茲 (Hermann von Helmholtz, 1821～1894) 提出了色覺學說 「楊格一亥姆霍茲的三色理論」，這個問題才有了明確的答案。

1801 年，英國的物理學家湯瑪士．楊格 (Thomas Young, 1773～1829) 提出了 「光的三原色」 理論。後來德國的生理學家亥姆霍茲繼續發展這個理論，並提出了基礎性的根據，說明人類為什麼能看到顏色。

亥姆霍茲認為，視網膜上有三種視錐細胞，分別可對不同波長的光產生反應。這三種視錐細胞為 L（long：紅色）、M（medium：綠色）、S（short：藍色），它們所產生的生物訊號傳到大腦時，大腦便可將其認知為顏色。這三種生物訊號的比例不同時，大腦就會認知為不一樣的顏色，當三種視錐細胞產生的生物訊號相等時，就會看到白色。

光譜中的藍光可以刺激 S 視錐細胞 ， 黃光可以刺激 L 與 M 視錐細胞，故藍光與黃光混合後可以看到白光。

由此可知，顏色並不是光或物質本身的屬性。而是作為感應器的視錐細胞先識別出進入眼睛的光波長，再依照感應到的光波長，將訊號上傳至大腦，最後才在大腦一一讀取這些訊號，產生對各種顏色的認知。

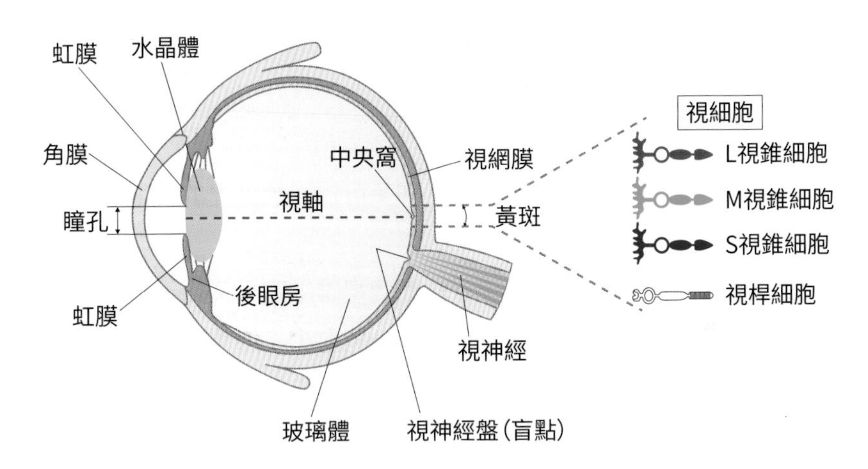

眼睛的結構

＊視桿細胞是辨識明暗的細胞

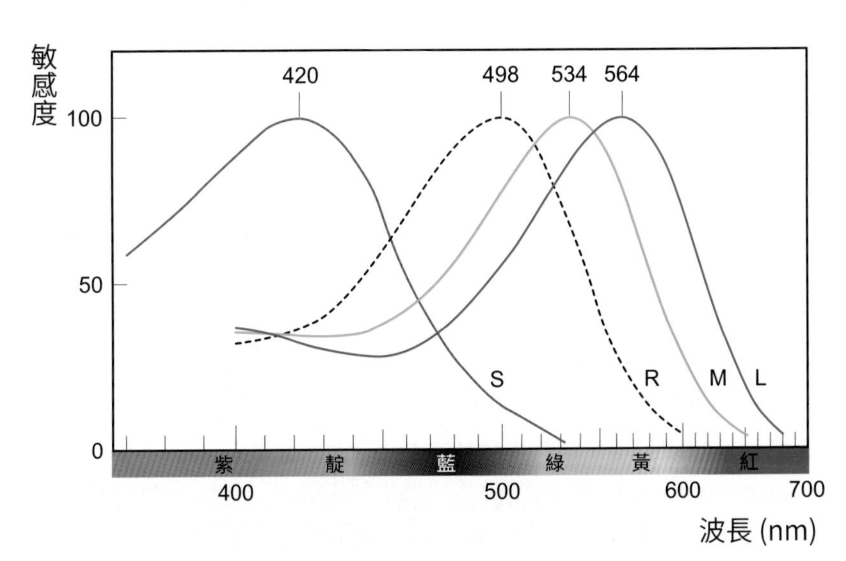

視錐細胞 (L、M、S) 與視桿細胞 (R) 的敏感度曲線

＊設最高敏感度為 100

黃昏時的綠燈看起來比白天還要亮

如前所述，人類的視網膜上有許多可以感應到光的視細胞，包括視桿細胞與三種視錐細胞。

一隻眼睛的視網膜上約有 600 萬個視錐細胞，又以視網膜中央黃斑部的視錐細胞最為密集，愈往外側則愈少。這也就是為什麼我們能清楚分辨位於視野中央的物體顏色，卻不容易辨認出視野邊緣的物體顏色。另外，由於視錐細胞的敏感度較低，故需要一定的亮度才辨認得出顏色。

一隻眼睛的視網膜上約有 1 億 2000 萬個視桿細胞，幾乎整個視網膜上都有視桿細胞的分布，不過在黃斑部周圍的視桿細胞特別密集。視桿細胞可以說是敏感度相當高的感應器，就算只接觸到一個光子也會產生反應，主要在陰暗的地方發揮作用。

環境亮度不同，會產生不同的視覺。白天或環境明亮時，視覺主要依賴視錐細胞的運作，稱作明視覺。在這個狀態下，人眼對波長 550 奈米的光波敏感度最高。另一方面，夜間或環境陰暗時，視覺主要依賴視桿細胞的運作，稱作暗視覺。與明視覺相比，暗視覺對白光的敏感度較高。在暗視覺下，人眼對波長 510 奈米的光波敏感度最高。

從明視覺移動到暗視覺時，人眼最敏感的顏色會往藍色方向移動（約 50 奈米）。所以黃昏時，紅色看起來會比較暗一些，藍色會看起來更鮮明一些，稱作「薄暮現象」。發現這種現象的人是捷克的生理學家 J. 柏金赫 (Jan Purkyně, 1787～1869)，故也稱作「柏金赫現象」。由於視桿細胞對短波長的光敏感度較高，才會產生這種現象。

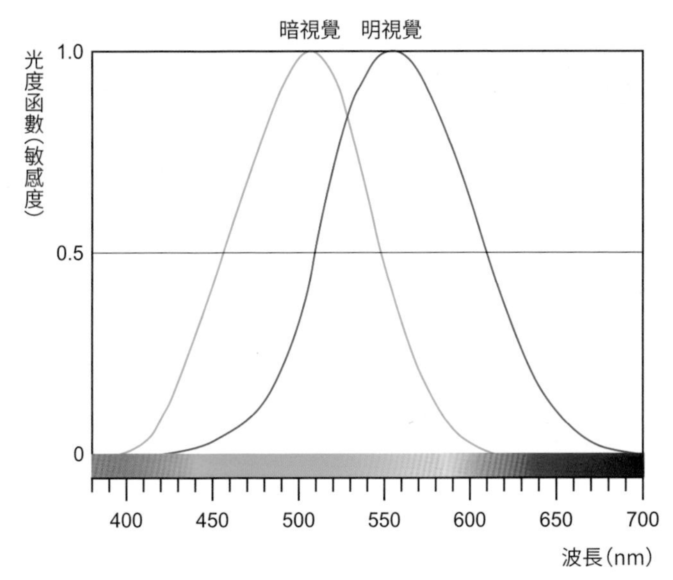

明視覺與暗視覺的敏感度
＊假設最高敏感度為 1.0

黃昏時，紅燈看起來會比較暗，綠燈則看起來更鮮明

為什麼維生素 A 可以保養眼睛？

從暗處突然來到亮處時，一開始會覺得亮到睜不開眼睛，但過一會兒後就會逐漸習慣明亮，開始看得到東西。這種眼睛會逐漸習慣環境亮度的現象，稱作「明適應」。明適應時，視細胞會馬上進入興奮狀態，將電訊號刺激傳導至大腦，使我們能看到眼前的物體。

另一方面，當我們從亮處突然進入暗處時，一開始會覺得一片黑暗，什麼都看不到，但過一陣子後就會逐漸習慣黑暗，開始看得到東西，稱作「暗適應」。

明適應大約只會花上 1～2 分鐘 ， 暗適應卻會花到 30 分鐘左右。視桿細胞會在這 30 分鐘內慢慢合成出視紫質。

視紫質由名為視蛋白的蛋白質與名為視黃醛的色素組成。視黃醛一遇到光結構就會改變，並刺激視蛋白改變結構，促進視紫質分解。當環境暗下來時，視黃醛與視蛋白則會再重新組合成視紫質。

在暗適應的初期階段中，主要是視錐細胞的適應，其敏感度會變為 10 倍。隨著時間經過，視桿細胞累積的視紫質也會愈來愈多，使其敏感度提升至 1 萬倍。因此，在暗適應開始後的 7 分鐘左右，眼睛會快速適應黑暗，這就是暗適應曲線中，出現「科爾勞施曲折點 (Kohlrausch's kink)」的時間點。

維生素 A 是合成視黃醛的原料。維生素 A 不足時，會妨礙到視紫質的再合成，造成夜盲症。為了預防夜盲症，請攝取足量的維生素 A。

靠近隧道出口時，會覺得陽光很眩目，但很快就會習慣了

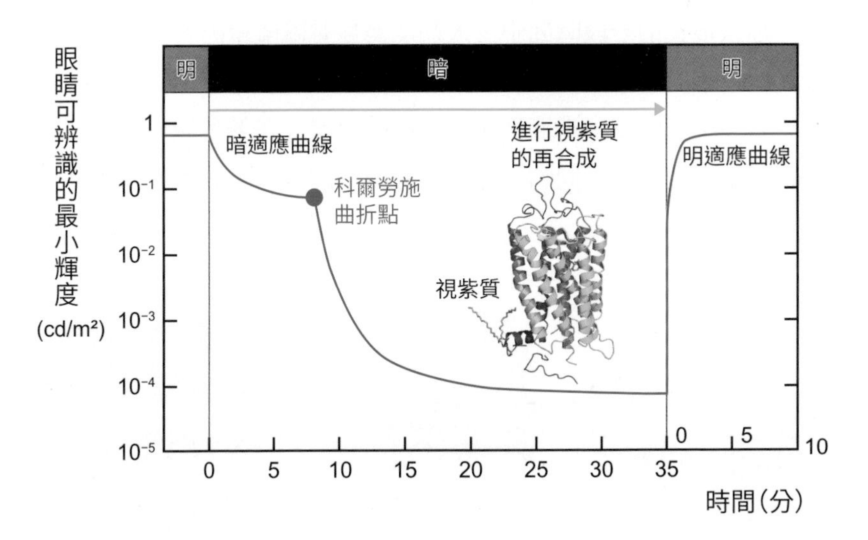

暗適應曲線與明適應曲線

為什麼「色覺障礙」不再是正式稱呼？

人類的視網膜共有三種視錐細胞 (L、M、S)。這三種視錐細胞產生的訊號傳送至大腦時，大腦可由這三種訊號的比例判斷事物的顏色 (p. 26)。包含人類在內的靈長類皆擁有三種視錐細胞，為「三色型」色覺。但和多數靈長類不同，人類族群中有一定比例的個體擁有二色型色覺或變異三色型色覺。

二色型或變異三色型色覺之個體的 L 或 M 視錐細胞有缺陷或者產生了突變，使個體可識別的顏色比擁有正常色覺（三色型）的個體還要少。不過，色覺檢查時所使用的圖樣（如下圖）中，有些圖樣是「正常色覺的人可識別，其他人無法識別」；但也有些圖樣是「正常色覺的人無法識別，但『色覺障礙』的人可識別」。在人類演化的過程中，這種色覺多樣性可能有利於這些人在某些環境下生存。

過去很長的一段時間中，人們以為色覺障礙肇因於色覺發展遲緩，所以想試著摸索出一套治療方法。但後來人們發現視錐細胞的基因有多種基因型，進而了解到人類的色覺存在著多種形式。現在的科學家們認為，不同的色覺型是遺傳上的個體差異。

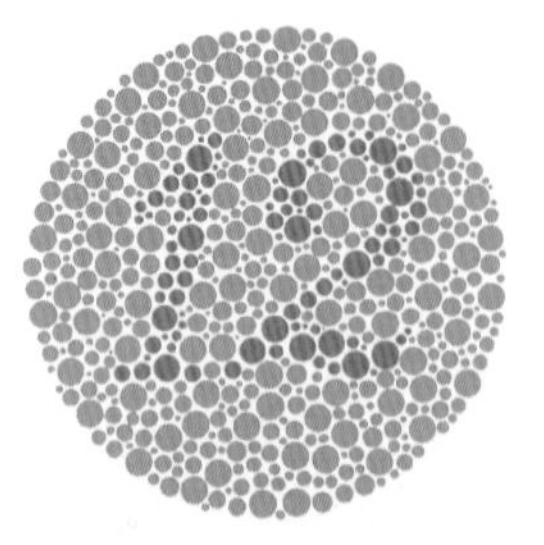
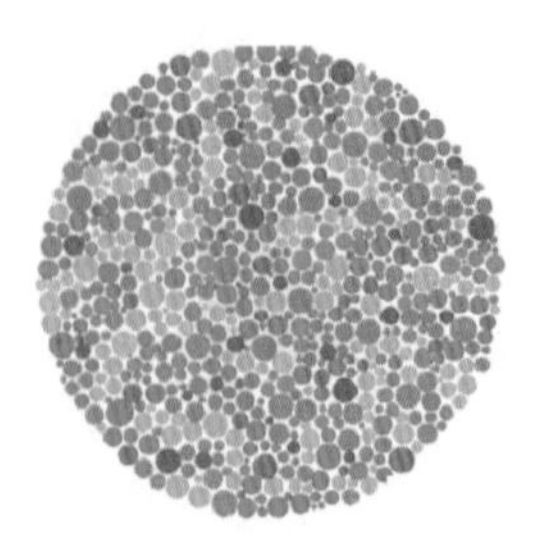
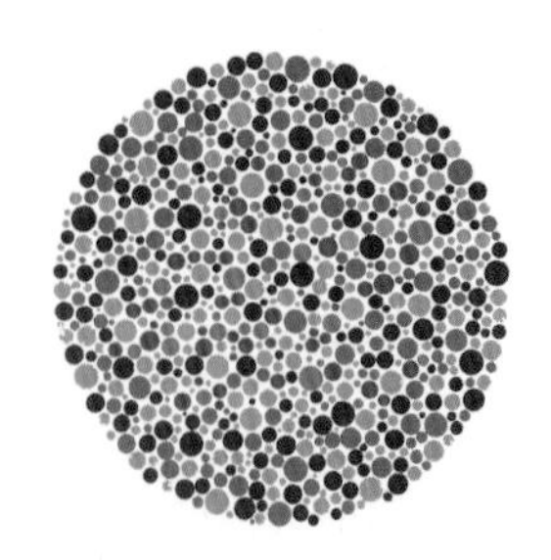

△石原式色覺異常檢查表例圖

日本眼科學會與 NPO 法人——色彩通用設計機構 (Color Universal Design Organization, CUDO) 依據近年來的學術研究成果與多方觀點，對於色覺異常提出了新的稱呼。他們將人類的色覺分成五大類（C 型、P 型、D 型、A 型、T 型），並將這些色覺類型視為對等關係。

C 型是 common（常見的、多數的）的意思，指的是三種視錐細胞皆能正常運作的「三色覺（正常色覺）」個體。日本約有 95% 的男性以及 99% 的女性屬於 C 型。

P 型源自 protanopes，由「proto（第一的）」+「an（缺乏）」+「opia（視覺）」組成，即「第一類色覺缺乏」的意思（第一型色覺）。三種視錐細胞中，L 視錐細胞對紅光的敏感度較高，而 L 視錐細胞異常的個體，便屬於 P 型個體。P 型個體還可以再分成：缺乏 L 視錐細胞的個體（強 P 型：第一型二色覺）；以及 L 視錐細胞對色光的敏感度出現偏移，使其感光光譜與 M 視錐細胞類似的個體（弱 P 型：第一型三色覺）。

CUDO 倡導的色覺稱呼

一般色覺族群	C 型	
色弱族群	P 型	強
		弱
	D 型	強
		弱
	T 型	
	A 型	

日本現行眼科用語

三色覺（正常色覺）
第一型二色覺（不存在對紅光敏感的視錐細胞）
第一型三色覺（不容易辨識出紅色）
第二型二色覺（不存在對綠光敏感的視錐細胞）
第二型三色覺（不容易辨識出綠色）
第三型色覺（不存在對藍光敏感的視錐細胞）
一色覺（僅能辨識出明暗）

資料來源：擷取、編輯自 NPO 法人——色彩通用設計機構 (CUDO) 的「色覺的稱呼」(http://www2.cudo.jp/wp/?page_id=84)

D 型源自 deuteranopes，“deuter (deutero)” 為 「第二的」 之意（第二型色覺）。M 視錐細胞對綠光的敏感度較高，而 M 視錐細胞異常的個體，便屬於 D 型個體。D 型個體還可以再分成：缺乏 M 視錐細胞的個體（強 D 型：第二型二色覺）；以及 M 視錐細胞對色光的敏感度出現偏移，使其感光光譜與 L 視錐細胞類似的個體（弱 D 型：第二型三色覺）。

造成 P 型與 D 型的基因位於 X 染色體上。因此，與有兩個 X 染色體的女性相比，只有一個 X 染色體的男性是 P 型或 D 型個體的機率相對較高。大約每數百名女性中，才找得到一個人屬於 P 型或 D 型；然而日本卻有 5% 的男性、歐美有 8～10% 的男性、非洲有 2～4% 的男性屬於 P 型或 D 型。

T 型 (tritanope) 個體是缺乏對藍光敏感度較高的 S 視錐細胞的個體（第三型色覺）。視網膜上僅擁有一種視錐細胞的個體，以及視網膜上沒有任何視錐細胞，僅擁有視桿細胞的個體皆屬於 A 型。A 型個體僅能分辨明暗，無法分辨各種顏色（一色覺）。T 型與 A 型個體的性別比例皆無明顯差異，皆為十萬人中不到一人。

與血型類似，色覺類型來自基因組合，故存在個體間差異。造成色覺差異的因子相當多，故存在著多種不同的色覺型態。

無論如何，如果各種色覺型態之個體皆可辨識的色彩設計方式能夠普及的話，人們或許就不會將不同於多數人的色覺視為色覺障礙了。

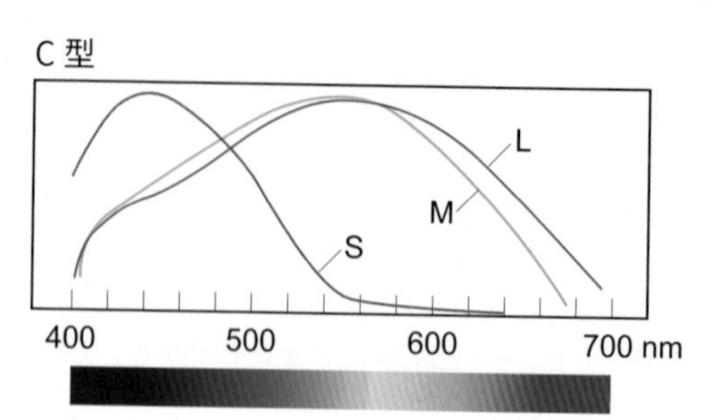

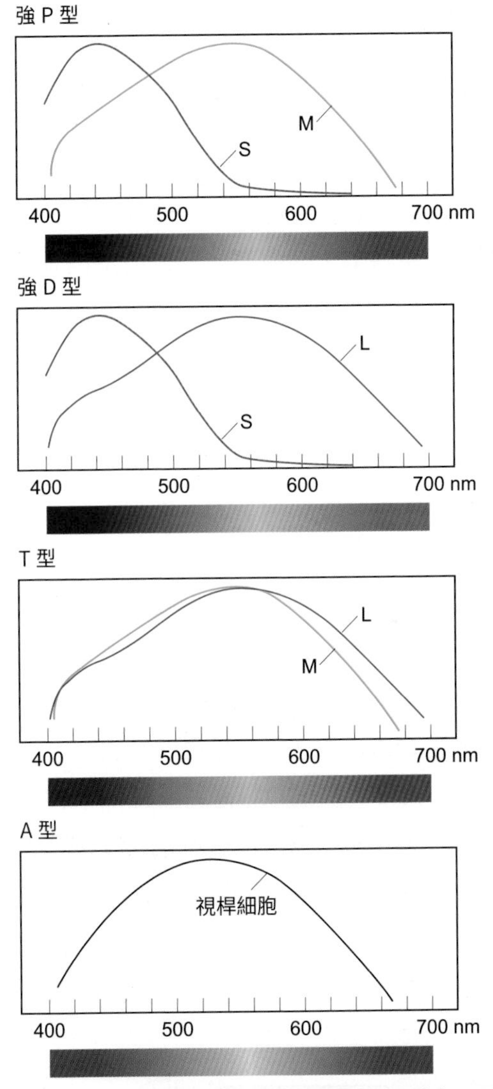

不同色覺型個體的視錐細胞對色光的敏感度不同

＊圖的縱軸為相對敏感度，圖下方的漸層色帶為個體實際看到的樣子

資料來源：擷取、編輯自 NPO 法人——北海道色彩通用設計機構 (CUDO) 的 「色覺機制」 (https://www.color.or.jp/about_cud/construction/)

居然有人可以分辨出一億種顏色！

擁有三種視錐細胞 (L、M、S) 之三色型色覺的人，可以識別約 100 萬種顏色。另外，有一定比例的人，他們的 L 視錐細胞或 M 視錐細胞因突變而產生缺陷，使他們成為二色型色覺或變異三色型色覺。既然如此，會不會有一定比例的人擁有四種視錐細胞，屬於四色型色覺呢？

如前所述，視桿細胞內有視紫質這種物質，而 L 視錐細胞內有紅視蛋白，M 視錐細胞內有綠視蛋白，S 視錐細胞內有藍視蛋白，分別由紅視蛋白基因、綠視蛋白基因、藍視蛋白基因製造。色覺之所以和遺傳有關，也是這個原因。

與色覺有關的基因很多，其中，最著名的例子大概是紅視蛋白基因，其外顯子 3 的第 180 個胺基酸如果是絲胺酸的話，L 視錐細胞最敏感的光波長會是 557 奈米（紅色）；如果是丙胺酸的話，最敏感的光波長則會是 552 奈米（帶有橙色的紅色）。

在日本人與白人中，這個位置是絲胺酸的人占所有正常色覺者的比例分別為 78% 和 62%；是丙胺酸的比例則是 22% 和 38%。

如果出現對視蛋白影響更大的基因突變，使視錐細胞對光的敏感度大幅改變的話，可能會多出一種視錐細胞，從原本的三種 (L、M、S) 變成四種。紅視蛋白基因與綠視蛋白基因位於 X 染色體上，

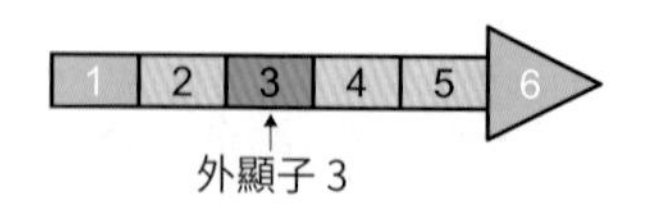

紅視蛋白基因的示意圖。在三色型色覺者中，外顯子 3 的第 180 個胺基酸有兩種可能，有些人是絲胺酸，有些人則是丙胺酸

而女性有兩個 X 染色體，可能會同時繼承了一個正常的等位基因與一個突變的等位基因，研究人員認為這可能就是產生四色型色覺的原因。

在一項基因分析的實驗中，研究人員以擁有四種視錐細胞的人為對象，請他們嘗試分辨各種被認為只有四色型色覺才能分辨的顏色差異。最後，24 人中只有一人可以分辨得出這些顏色的差異。

也就是說，基因型上有四種視錐細胞的人中，只有少數人擁有四色型色覺，原因至今尚不明確。不過透過試算，我們知道四色型色覺的人可以辨別出約一億種顏色。但可惜的是，那由一億種顏色所構成的世界會是怎樣的景象，三色型色覺的人們是永遠看不到的。

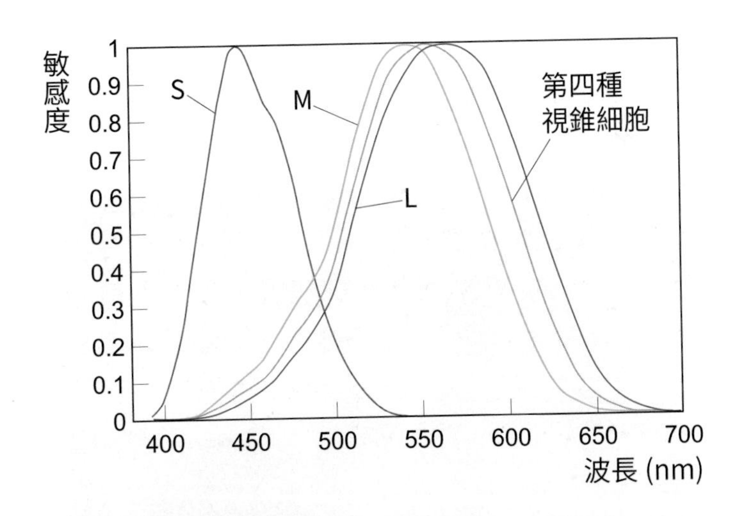

若一個體擁有敏感度曲線在 M 視錐細胞與 L 視錐細胞之間的第四種視錐細胞的話，那麼該個體可分辨的顏色數量應為一般人的 100 倍

資料來源：擷取、編輯自 Gabriele Jordan, Samir S. Deeb, Jenny M. Bosten, J. D. Mollon, “The dimensionality of color vision in carriers of anomalous trichromacy” (*Journal of Vison*, Vol. 10, No. 12, 2010)

不同的動物，看到的世界也不一樣

現今的哺乳類多為二色型色覺。牠們大多僅擁有紅視蛋白與藍視蛋白，沒有綠視蛋白，與只有二色覺的人類似，可以分辨藍色與黃色，卻沒辦法分辨紅色與綠色。

鳥類與爬蟲類為四色型色覺，體內除了三種視蛋白（紅、綠、藍）外，還擁有可感應到紫外線 (VS: very short) 的視蛋白。鳥類常披著美麗的羽毛，有研究報告指出，分析各種鳥類羽毛對紫外線的反射比例後，發現 90% 的鳥類樣本中，雄鳥與雌鳥反射紫外線的程度有明顯差異。故有研究人員認為，鳥類會藉由羽毛反射紫外線的程度來判斷對方是雄是雌。

除了靈長類和哺乳類以外的脊椎動物多為四色型色覺，擁有四種視錐細胞視蛋白（紅、綠、藍、紫外線），以及一種視桿細胞視蛋白，一共擁有五種視蛋白。

鳥除了可以用紫外線反射率分辨其他個體的雌雄之外，也可以用紫外線反射率判斷食物的位置。照片為蜂鳥

在演化的過程中，某些哺乳類失去了綠色型與藍色型的視蛋白，剩下紅色型與紫外線型視蛋白，成為了二色型色覺。一般認為，哺乳類之所以會成為二色型色覺，是因為哺乳類多為夜行性，不需要過於精密的色覺。

後來，靈長類的紅視蛋白產生突變，形成新的綠視蛋白；另一方面，紫外線視蛋白的感光曲線則往藍色移動，形成三色型色覺。一般認為，這是因為在靈長類生活的森林中，擁有三色型色覺會比二色型色覺還要利於生存。而走出森林，進入草原狩獵的人類，也繼承了這種三色型色覺。

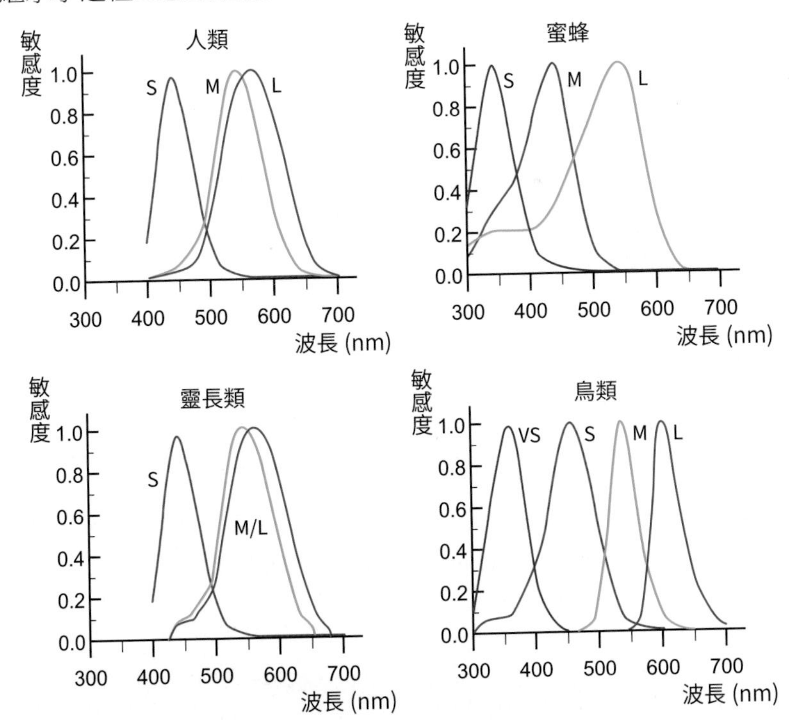

各種生物的色覺

資料來源：擷取、編輯自 Misha Vorobyev PhD, “Ecology and evolution of primate colour vision” (*Clinical and Experimental Optometry*, Volume 87, Issue 4～5, 2004)

在二十一世紀時誕生的藍光 LED，以及由其衍生而來的白光

在「楊格－亥姆霍茲的三色理論」中提到，人類可藉由三種光受器（視細胞）感覺到顏色。這項理論不只說明了色覺，也說明了混色的原理，以及如何重現出一種顏色。

即使兩種光的分光光譜不同，要是這兩種光對視網膜上三種視錐細胞的刺激比例相同的話，人類就會看到同一種顏色。紅 (R)、綠 (G)、藍 (B) 等三種顏色的色光，可以組合出所有人類可辨識的顏色，故這三種顏色又稱作「光的三原色」。

舉例來說，當我們將紅光（671 奈米）與綠光（536 奈米）以一定比例混合時，便可重現出與黃光（589 奈米）顏色相同的光。RGB 三種光重疊在一起時的顏色，就相當於光譜中所有可見光混合在一起時的白光，這又稱作「加法混色（加色法)」。色覺檢查時所使用的色覺鏡 (anomaloscope) 是一種混色器，它就是用這種原理來判別色覺型的。

快速普及化的 LED 照明也是使用加法混色來產生「白光」。1962 年，有「發光二極體之父」之稱的尼克．何倫亞克 (Nick Holonyak) 發明了紅光 LED。在這之後，黃光、橙光、黃綠光等各色 LED 陸續誕生。到了 1990 年代，終於有人開發出生成白光時必備的藍色 LED。

開發出藍光 LED 的赤崎勇（日本名城大學教授）、天野浩（日本名古屋大學教授）與中村修二（美國加州大學聖塔芭芭拉分校教授），在 2014 年因此而獲得了諾貝爾物理學獎。

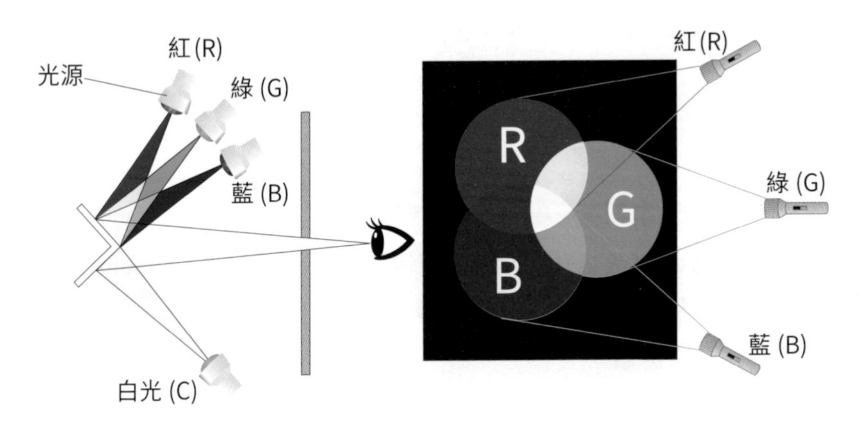

將紅 (R)、綠 (G)、藍 (B) 等色光混合之後，便可以得到白光

光的三原色 LED 的樣本

彩色印刷的 CMYK 源自眼睛與大腦的混色

1980 年代中期，美國的蘋果電腦開始販售麥金塔 (Macintosh) 電腦。以此為契機，用電腦設計出版物的 DTP (desktop publishing) 工作迅速普及了起來。2000 年以後，網路印刷逐漸普及，DTP 的應用範圍也愈來愈廣。

電腦的白色畫面看起來很像白紙，但螢幕其實是發光體。液晶螢幕內有許多可以讓紅光 (R)、綠光 (G)、藍光 (B) 通過的濾光片。調整這三種顏色的發光比例，就可以生成各種顏色。

另一方面，彩色印刷則是藉由混合青色 (C)、洋紅色 (M)、黃色 (Y) 等三種墨水，以產生各種顏色，故 CMY 也稱作「顏料的三原色」。這種混色方式會讓顏色愈來愈暗，理論上可以混合出黑色，也稱作「減法混色（減色法)」。但用這種方式混合出來的黑色並非真正的黑，而是相當混濁的灰色。所以實際上的彩色印刷，會使用黑色墨水 (K) 來印出黑色，共使用 CMYK 等四種墨水，稱為全彩 (process color) 印刷。

用放大鏡觀察彩色印刷的成品，可以看到一個色塊其實是由許多很小的色點所組成，這些色點稱作「網點」。印刷時並不是直接將墨水混合，而是將其印成許多小點，依特定方式排列，稱為「並置混色」。

新印象派的點描畫、織品、電視與電腦螢幕、智慧型手機（以下簡稱手機）與數位相機的螢幕也是用一樣的方式來表現顏色。人眼看到兩個以上不同顏色的小點緊靠在一起時，便會在腦中自行混合成單一顏色，前述的藝術作品與顯示器就是應用了這種現象。

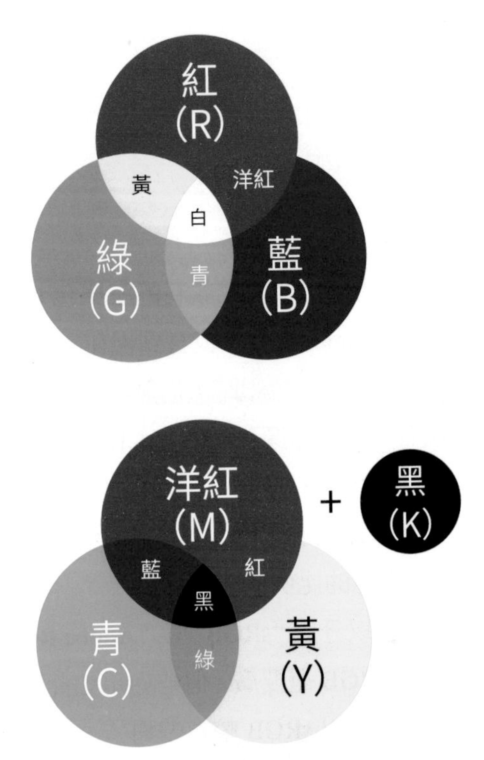

RGB（上）的顏色愈是重疊，愈接近白色；CMYK（下）的顏色愈是重疊，愈接近黑色

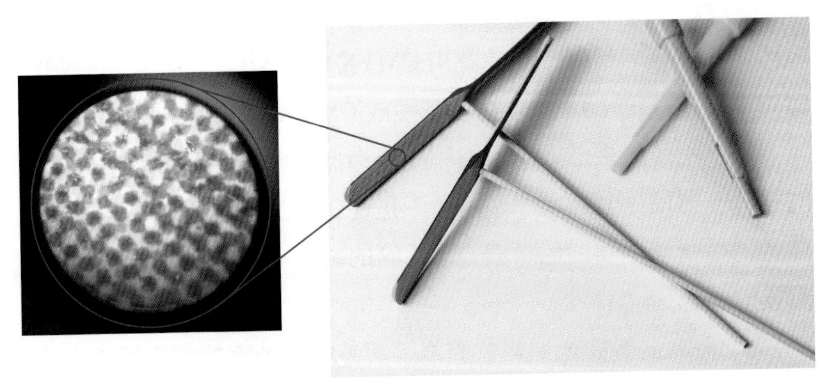

以高倍率放大鏡觀看書籍與雜誌時，可以看到許多網點

為什麼彩色印刷時藍色和綠色會變得有些黯淡？

理論上，光的三原色 (RGB) 與顏料的三原色 (CMY) 應該可以產生出所有人類能識別的顏色才對。但直到現在，即使顯示器與印表機早已普及，在這些機器輸出色彩時，仍無法重現出所有的顏色。

為表示各種機器能重現的顏色範圍，CIE（國際照明委員會）於 1931 年制定了以 XYZ 色彩空間製作而成的 xy 色度圖。xy 色度圖可表示色相、彩度等資訊，而色度座標的 x 軸為藍色與紅色的比例，y 軸則是藍色與綠色的比例。

首先，RGB 大略可以分成 “sRGB” 與 “Adobe RGB” 兩種模式。Adobe RGB 的色域比 sRGB 還要廣，但能顯示如此豐富顏色的顯示器也比較貴，因此目前仍以 sRGB 較為普遍。

另外，比起 RGB，CMYK 可表現的色域比較狹窄，如果把 RGB 的資料直接拿去印刷，成品會顯得比較黯淡。這是因為印刷時，機器會自動用其他類似的顏色取代 CMYK 無法呈現的顏色。所以印刷用的資料最好一開始就用 CMYK 模式製作，如果一開始用 RGB 模式製作的話，之後必須轉換成 CMYK 模式。

綜上所述，由於顯示器與印刷用機器的顯色原理本來就有很大的差異，要使兩者顏色一致，並不是件容易的事。色彩管理人的工作，就是管理不同的色彩模式、不同的輸出工具，使其呈現出我們想要的顏色。

Photoshop 等影像編輯軟體為了清楚指定檔案的顏色規格，會將色彩描述檔嵌入至圖像檔內一起儲存。

印刷彩色書籍與雜誌時，需要 CMYK 四個版。也就是說，至少需重複印刷四次。但即使如此，還是有無法呈現的顏色

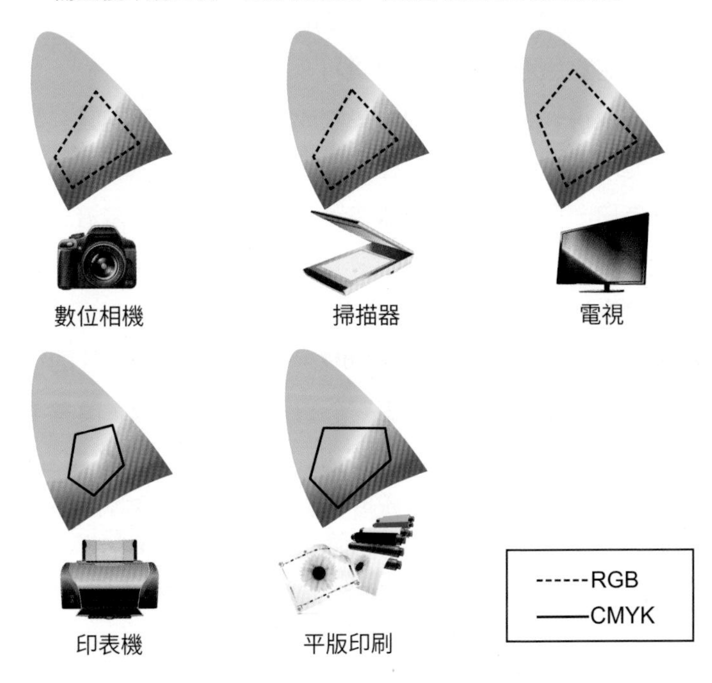

不同機器可呈現的色域也不一樣

暴怒時冒出來的青筋居然是灰色的!?

我們會用「爆青筋」來形容一個人憤怒到臉上浮現出靜脈的樣子，因為這時我們看到的靜脈是青色（藍色）的。然而立命館大學文學部的北岡明佳教授 2014 年發表的論文指出，實際測定這個「青筋」的顏色時，卻發現它其實是帶著一點黃色的灰色。灰色的靜脈看起來之所以像是藍色，是因為皮膚色的補色——藍綠色與灰色發生了加法混合，這又叫作「同時對比」。

「楊格－亥姆霍茲的三色理論」是色覺研究中的權威學說，卻無法說明對比、殘像、適應等現象。德國的生理學家埃瓦爾德．赫林 (Ewald Hering, 1834～1918) 基於對比、殘像等現象，於 1874 年時發表了「對立色理論（四色理論）」。

赫林假設視網膜上有三種可接收成對顏色的視覺物質。當這些物質碰到光時，會發生生化反應，進而產生視覺。他將這三種視覺物質命名為白－黑物質、黃－藍物質、紅－綠物質。當這三種物質發生異化反應（分解）時，我們會看到白、黃、紅等顏色；發生同化反應（合成）時，則會看到黑、藍、綠等顏色。

舉例來說，當我們看到皮膚色時，會產生白、黃、紅的視覺。此時，視網膜上的部分視覺細胞對於白、黃、紅的敏感度會下降，這種現象叫作部分適應。出現部分適應現象的細胞會影響鄰近細胞，使鄰近細胞對白、黃、紅的敏感度也跟著下降。此時，眼睛對皮膚色的補色——藍綠色的敏感度就會相對地上升。

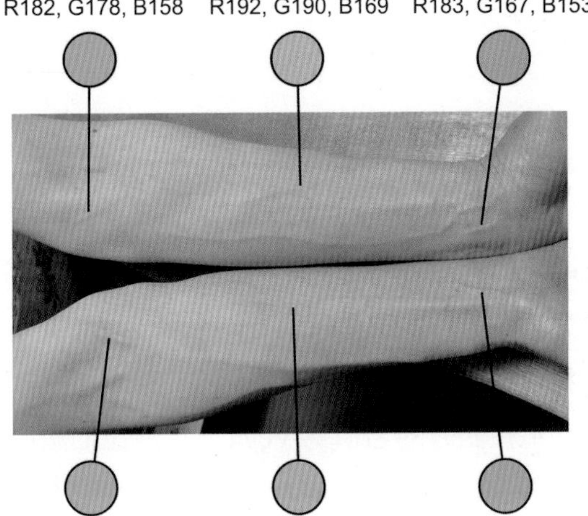

立命館大學文學部的北岡明佳教授提出「人類的靜脈其實是灰色，我們卻會因為視錯覺而將其看成藍色」，並附上此圖

資料來源：〈各種顏色錯覺 (13) 靜脈顏色的錯覺〉(《日本色彩學會誌》，第 38 卷第 4 號，2014 年)

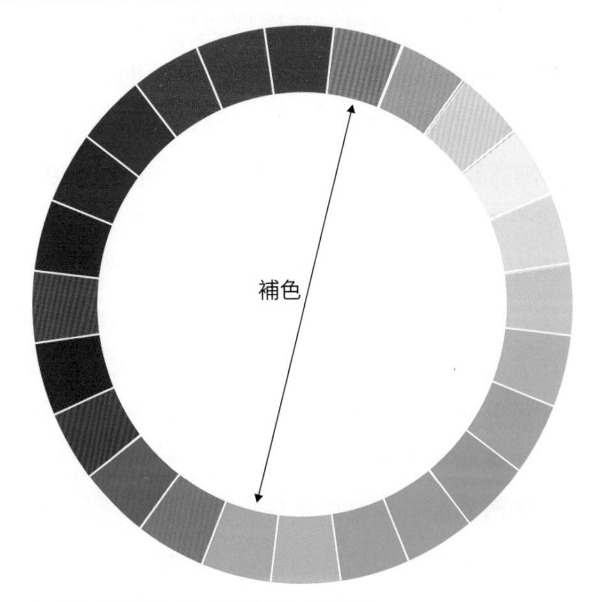

色相環。皮膚色與帶點綠色的藍色互為補色

在春季夜空中閃耀著的夫婦星是什麼顏色？

在日本說到夫婦星，一般人首先想到的應該會是閃耀於夏季夜空的牛郎星與織女星。牛郎星在西方的名稱為 Altair，在阿拉伯語中意為「飛翔的鷲鷹」，是天鷹座中最明亮的一等星，表面溫度可達 8000 度。織女星在西方的名稱為 Vega，在阿拉伯語中意為「急降的鷲鷹」，是天琴座最明亮的一等星，表面溫度可達 9000 度。

恆星顏色的差異源自其表面溫度的差異，溫度愈高的恆星，光芒愈偏向藍色；溫度愈低的恆星，光芒愈偏向紅色。牛郎星與織女星的表面溫度都相當高，故會發出白光。

春季夜空中也有一對恆星被稱作夫婦星，分別是牧夫座的大角星與室女座的角宿一。大角星與角宿一在西方的名稱分別為 Arcturus 與 Spica，在希臘語中分別是「熊的看守者」與「穗的頂端」的意思。兩者皆為一等星，大角星的表面溫度為 4000 度，屬於紅巨星；角宿一的表面溫度則超過 2 萬度。

發出橙色光芒的大角星被當作男性，發出藍白色光芒的角宿一則被當作女性，兩者合稱「春之夫婦星」。全世界似乎只有日本會將這兩顆星稱作夫婦星，不過，因為這兩顆星皆為春季夜空的代表性恆星，所以在世界各地也留下了各式各樣的故事。

現代人的印象中，以藍色為首的冷色系顏色常用來代表男性，以紅色為首的暖色系顏色則常用來代表女性。或許是因為各種社會、文化因素的影響，才會出現這樣的轉變（p. 50、p. 90）。

發出橙色光芒的大角星

圖片來源：Shutterstock

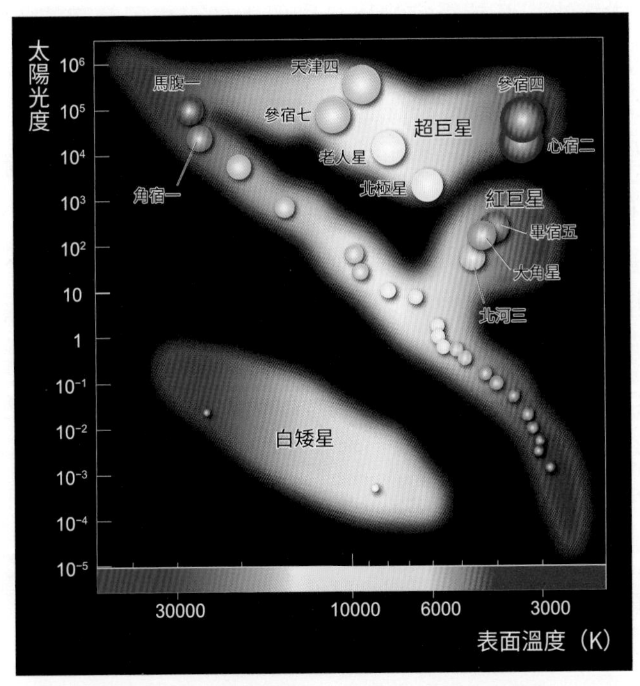

顯示星體光度與溫度的關係，並加上顏色的赫羅圖

廁所的男女標示到了 1960 年代才逐漸普及

提到藍色代表男性、紅色代表女性，多數人應該會聯想到廁所的男女標示吧！廁所標示在日本普及開來的契機，就是 1964 年的東京奧運，以及 1970 年的日本世界博覽會。

日本是亞洲第一個舉辦奧運的國家，為了接待來自世界各地的觀眾，需要一些簡單明瞭的圖示 (pictogram)，幫助不懂日文的外國人了解告示的意義。於是已故的美術評論家勝見勝、已故的圖示設計師田中一光以及美術家橫尾忠則等人便召集了當時的年輕設計師，一起系統性地討論代表各種競技的圖示，以及公共廁所、公共電話等公用設施的圖示。

當時的日本只有和式廁所。雖然有些廁所外標有洗手間 (water closet) 的簡稱 “W.C.”， 但卻有人說 ：「這樣日本人反而會看不懂吧？」於是人們陸續提議了各種代表廁所的圖示，最後選擇了一男一女的圖示作為廁所的標示。於設計室擔任管理者的道吉剛說明，圖示之所以使用紅色和藍色，是參考了美國兒童的服裝。

綜上所述，這或許不是世界上第一個以男女剪影作為廁所標示的例子，但至少在日本，這種圖示是從東京奧運之後才開始普及。

由 JIS（Japanese Industrial Standards，日本產業規格）的規定，為了提高這類男女圖示的識別度，男性需使用冷色系色彩，女性需使用暖色系色彩。

紅綠燈或各種交通標示需使用安全色彩，表示廁所的男女圖示則無此必要，可以使用同一種顏色，也可以使用其他顏色。不過在日本，還是以使用藍色與紅色的廁所男女圖示最為普及。

有人曾做過實驗，看看將男女圖示的顏色交換時會發生什麼事。顏色交換時，許多日本人會進錯廁所，但外國人就比較不會。看來較多日本人只會用顏色來判斷男女，看到紅色就以為是女廁、看到藍色就以為是男廁。有 5% 的日本男性難以分辨紅色與綠色，但幾乎所有的人都能輕易分辨紅色與藍色，這可能也是選擇紅色與藍色作為圖示的原因之一。

似乎只有在部分由著名設計師操手的建築物、位於都心之時髦商業建物內的廁所，才會使用沒有以顏色區別男女的廁所圖示。

廁所之男女圖示的範例

圖片來源：Shutterstock

古時日語中的「藍」指的是朦朧的顏色？

隨著語言與文化的不同，紅、藍、黃、綠等顏色與顏色名稱之間也會有著不一樣的關係。人類文化學者布倫特．柏林 (Brent Berlin) 與語言學者保羅．凱 (Paul Kay) 在《基本的色彩語言：普遍性與進化》 (*Basic Color Terms: Their Universality and Evolution*, 1969) 中提出了劃時代的研究成果。柏林與凱研究了包括日語在內的 98 種語言，整理出各近代社會中的 11 種基本色彩詞（白、黑、紅、綠、黃、藍、棕、紫、桃、橙、灰）。

基本色彩詞通常為單詞，詞中不含其他顏色名稱，且基本色彩僅用來表現特定範圍內的顏色，在心理學上常有顯著的特徵。柏林與凱認為，隨著語言的進化，用以表示顏色的詞也會跟著分化、增加。

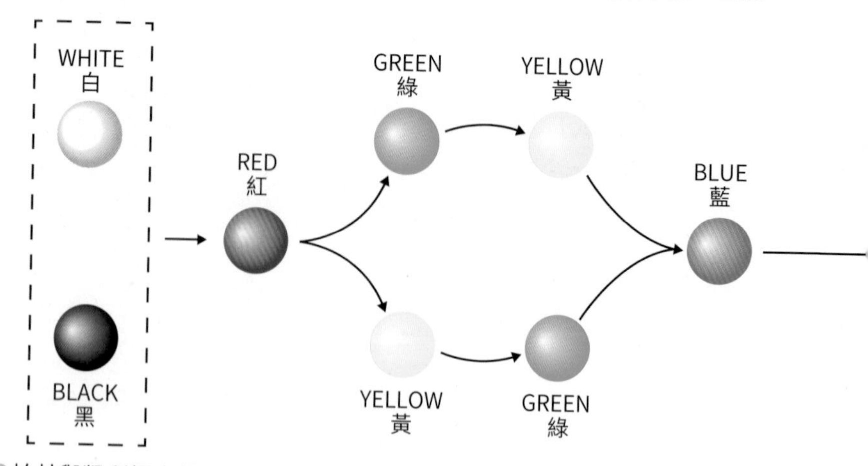

△柏林與凱所提出的 11 種基本色彩詞。他們認為，在語言進化的過程中，這些語彙也會跟著增加

柏林與凱也提到了色彩名稱出現的順序，白與黑在所有語言中都是最早出現的色彩名稱。第三個出現的基本色名為紅色，第四、五個出現的色名為綠色與黃色，第六個出現的則是藍色。

日本國文學者佐竹昭廣（京都大學名譽教授，1927～2008）曾研究過色彩的名稱。他指出，古日語的基本顏色名稱包括紅 (aka)、黑 (kuro)、白 (shiro)、藍 (ao)，並以這四種顏色描述明暗顯漠的概念。

依照這種說法，紅（明）代表充滿光的狀態，黑（暗）代表陰暗的世界，白（顯）代表事物明白清楚的狀態，藍（漠）則代表不明不白的狀態。這些概念可對應到顏色的三屬性（色相、明度、彩度），其中紅與黑表示明度，白與藍表示彩度。

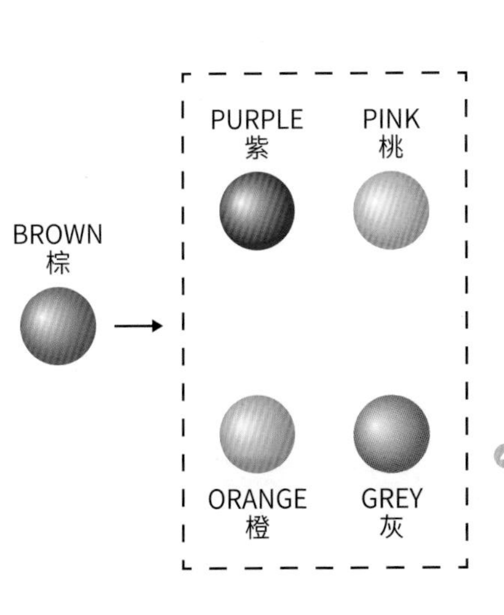

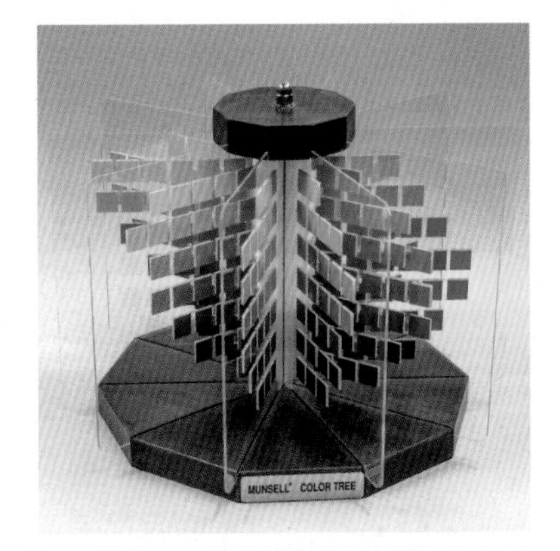

表示顏色三屬性的孟塞爾顏色系統 (Munsell Color System) 立體圖。往左或往右旋轉時，可以看到各種不同的色相，愈高的位置表示明度愈大，離中心軸愈遠的位置表示彩度愈大

圖片來源：Hannes Grobe

要將「水色」加入基本色彩詞嗎？

「紅黑白藍」是古日語中的基本色彩詞，這幾個詞與其說是在講色相，不如說是在描述明度與彩度。然而隨著時代的演變，這些詞的意義也出現了變化。對於變化的過程有各種說法，不過一般認為這和中國傳入的五行思想與佛教中五色（藍、黃、紅、白、黑）的色彩感有很大的關係。

綠的語源無統一說法，不過在古日語中藍綠混用，英語等世界上的其他語言在發展的過程中，也可以看到藍綠混用的情況，有時他們會將藍與綠統稱為 “grue”。

現代日語中，常用「青」[1]來形容紅綠燈的綠燈、植物嫩芽、蔬菜的綠色。除了上述情況之外，青和綠的使用則有明確的區別。順帶一提，1994 年起，日本開始使用 LED 紅綠燈，考慮到色彩通用設計，日本將過去的綠燈改為偏藍一些的顏色，也將法令中的「綠燈」改為「青燈」。

東北大學電氣通信研究所的栗木一郎副教授曾在 2017 年時，提出一份關於日語中色彩詞演變的報告。報告中確認了 19 種通行於日本各地的顏色名稱，包括前面提到的 11 種基本色彩詞，再加上 8 種色彩名稱（水、肌、紺、抹茶、黃土、胭脂、山吹、奶油）。另外，若將位於藍色與綠色之間，明度較高的顏色給實驗受試者看，並詢問是什麼顏色時，98% 的受試者會回答是水色。因此有人認為水色是日本新基本色彩詞，也就是第 12 個基本色彩詞的熱門選項。

譯註 [1]青：日語中為藍色之意。

五色通常指的是藍、黃、紅、白、黑，不過有時會用綠代替藍，用紫代替黑

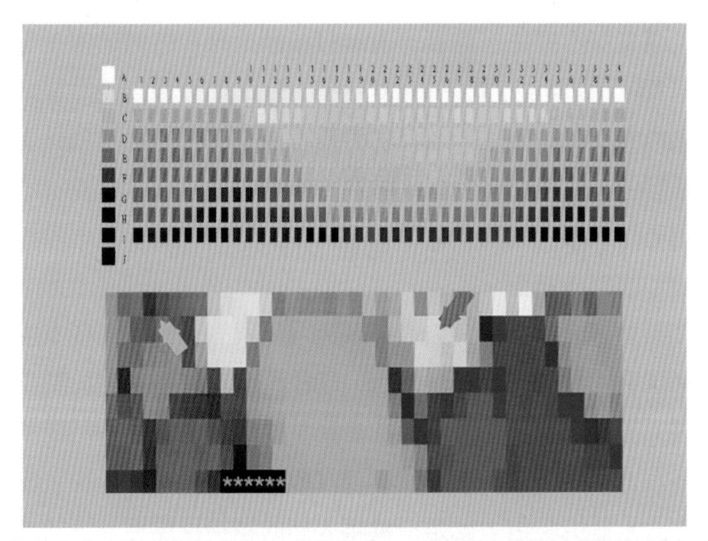

上方為東北大學電氣通信研究所的栗木一郎副教授所使用的顏色樣本，下方為依照受試者的答案整理而成的日語顏色分類。看到介於綠色與藍色間的顏色時，有 98% 的實驗受試者不稱其為藍綠色，而是稱其為水色

資料來源：擷取、編輯自 Delwin T. Lindsey, Angela M. Brown, “Universality of color names” (*PNAS*, vol. 103, no.44, 2006)、Ichiro Kuriki, Ryan Lange, Yumiko Muto, Angela M. Brown, Kazuho Fukuda, Rumi Tokunaga, Delwin T. Lindsey, Keiji Uchikawa, Satoshi Shiori, “The modern Japanese color lexicon” (*Journal of Vision*, Volume 17, Issue 3, 2017)

專欄

又稱作「勝色」的武士藍有三種效果

「武士藍 (Samurai Blue)」是日本足球協會決定的日本足球代表隊別稱。在發表這個別稱以前，歷屆日本代表隊的球衣便是以藍色為基調，支持者也會穿上設計相同的球衣，在球場觀眾席上觀戰。選手與球迷穿著相同顏色的衣服，可以營造出整體感。

2018 FIFA 俄羅斯世界盃足球賽中，負責製作日本球隊球衣的 adidas 以「勝色」為概念進行設計。即使不曉得勝色一詞的源由，光從名字中的勝字，就能讓人聯想到在戰場中取勝。

勝色是一個日本傳統顏色名稱，表示藍染中最濃的顏色。為了得到又濃又深的藍色，需要一直敲打布匹，敲打這個動作在日語中稱作「搗く (tsuku)」或「搗つ (katsu) ❶」，而這種染色方法則稱作「搗染め (kachizome)」。為祈求勝利，鎌倉時代的武士們很喜歡使用這種顏色，使這種顏色以「褐色（勝色）」之名廣為流傳。因此，勝色這種傳統顏色名稱，就成為了日本的歷史與武士文化的象徵，並帶到了國際比賽上。

在某些研究中，研究人員將顏色名稱與對應的顏色樣本展示給一般民眾看，並詢問民眾對顏色的印象，發現許多人對於顏色名稱的喜好大於實際的顏色。可見在使用某些顏色名稱後，可以美化該顏色在民眾心目中的印象，使其被當成純粹而美麗的事物。將顏色命名為武士藍或勝色，就是一種讓人們的精神世界更美好的方法。

譯註 ❶搗つ (katsu)：與日語的勝利發音相同。

2018 年 6 月，為祈求日本代表隊在 2018 FIFA 俄羅斯世界盃足球賽中獲得勝利，東京鐵塔也以武士藍的燈光點綴

第2章

為什麼人們會買下特定商品呢？

為什麼某些店家特別吸引人上門呢？

便利商店、超市、百貨公司、藥妝店……街上店家琳瑯滿目，客人必須先走進店面才會購物，那麼，店鋪要有什麼樣的外觀，才容易吸引人上門呢？

1960 年代起，人們開始對零售店家的外部與內部裝潢進行了各種調查研究，發現外部裝潢為暖色系的店家，容易讓客人產生想要進去逛逛的念頭。

舉例來說，7-ELEVEn 的店面常會以磚瓦裝飾外牆。近年來，為了節省裝潢費用與時間，愈來愈多店面改用磚瓦圖樣的貼膜裝飾。磚瓦的顏色在暖色系中屬於沉穩的顏色，可以營造出自然而古典的氣氛，不會特別顯眼，卻也不易被人忽視，可以讓店面保有適當的能見度。

店面入口上方有著由數字 7 與英文字母的 ELEVEn 排列而成的商標。7-ELEVEn 這個品牌源自於 1927 年，美國德州奧克利夫 (Oak Cliff) 的一家小型冰品零售店。而商標的原型則是於 1946 年完成，橘色代表「黎明的天空」、綠色代表「沙漠中的綠洲」、紅色代表「黃昏的天空」。德州常是西部片的舞臺，有著遍布仙人掌的沙漠，綠洲的綠色是生命的象徵；紅色與橘色不是代表灼熱的太陽，而是代表在日出與日落這段極短時間內才能看到的天空顏色。

鮮豔的橘色與紅色很能吸引目光，很適合作為招牌的顏色。7-ELEVEn 外部裝潢的顏色，會吸引人在不知不覺中走入店內。另外，從 2017 年 3 月 1 日起，7-ELEVEn 的商標中所使用的「白、橘、白、綠、白、紅、白七色條紋」成為了日本第一個「色彩商標」。

企業申請色彩商標時，不須附註文字或形狀，便能獨享特定顏色的組合，是一種很強的商標權。所以在申請色彩商標時，必須提出足夠的證據，說明消費者可接受這些顏色組合代表了這家企業。1974 年 5 月，7-ELEVEn 在日本開了第一家店，並以加盟連鎖的方式在全日本陸續拓展店面，在 2018 年 9 月底時，日本國內的總店面數已超過 2 萬家。想必「廣為人知」，應是申請色彩商標的必要條件之一。

東京的一間 7-ELEVEn 店面

圖片來源：Shutterstock

長銷商品應選擇耐看的顏色

文具的長銷商品中，也有某些商品的商標屬於色彩商標。譬如 Tombow 的 MONO 橡皮擦，其商標就是「藍、白、黑的三色條紋」。

MONO 橡皮擦一開始是盒裝鉛筆的贈品，於 1969 年時獨立商品化。為了讓陳列在文具店內的小小橡皮擦更有存在感，廠商使用了藍、白、黑的三色條紋作為紙套樣式。原本是要模仿荷蘭、匈牙利、奧地利的國旗圖樣，才使用了橫條紋樣式，藍、白、黑三色在這裡似乎沒有什麼特別的意義。不過這種橡皮擦擦起來的手感很好，確實適合這種俐落的配色。

1969 年時開賣的長銷商品「MONO 橡皮擦」系列產品

圖片來源：Tombow

另外，三菱鉛筆也將 1958 年發售的高級鉛筆 Uni 的配色「Uni 色、黑」，以及最高級鉛筆 Hi-Uni 的配色「Uni 色、黑、金」登記為色彩商標。

Uni 色由名為蝦茶色的和風顏色，以及名為酒紅色的洋風顏色混合而成。Uni 色常被選為學校代表色，是一種富厚重感的顏色。對於許多成年人來說，Uni 色或許能喚起他們在學生時代的記憶，使他們懷念起當年，進而產生愛惜產品的心。

橡皮擦與鉛筆的種類多不勝數，MONO 橡皮擦的擦拭手感，以及 Uni 鉛筆的書寫手感卻能脫穎而出，讓人在體驗後愛不釋手。可見優秀的商品在培養常客時，雖需提高品牌認知度，卻不一定要使用新奇的顏色，活用人們熟悉的顏色與配色方式，也能夠經營出長銷商品。

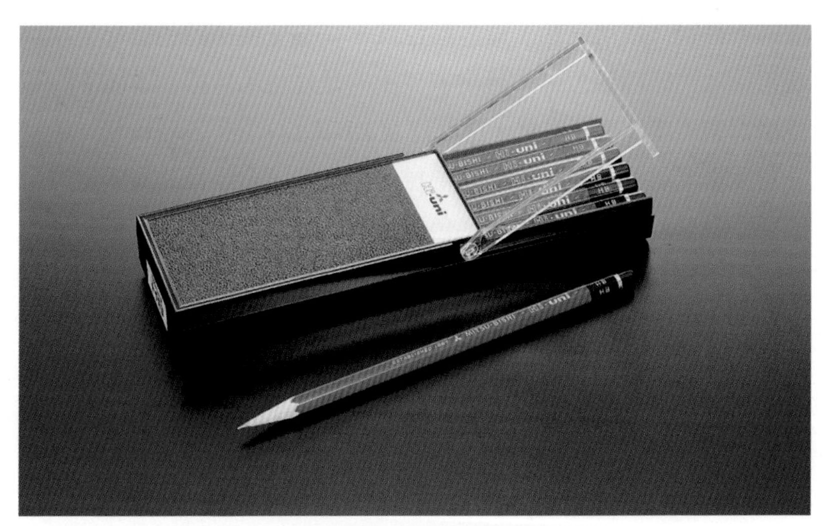

以「Uni 色、黑、金」為產品印象色的最高級鉛筆 Hi-Uni

圖片來源：三菱鉛筆

為什麼日本的存摺只有三種顏色？

曾有個調查指出，平均每個日本人擁有 3.5 個銀行帳戶。那麼，日本人手上的存摺和金融卡又是什麼顏色呢？不意外的話，應該大多是紅色、藍色或者是綠色吧？

從 1990 年代到 2000 年代，日本進行了金融機構重組，將多家銀行整合成了三菱 UFJ 銀行（於 2018 年由三菱東京 UFJ 銀行更名而來）、瑞穗銀行、三井住友銀行三個巨型銀行 (mega bank)。銀行合併以後，存摺與金融卡的顏色與設計也必須更新。這三個巨型銀行的公司代表色各有不同，分別為三菱 UFJ 銀行的紅色、瑞穗銀行的藍色、三井住友銀行的綠色。在街上尋找各大銀行的分行時，或者是從錢包中拿出金融卡時，都可以看到紅、藍、綠這三種顏色。

紅色代表熱情與活力、藍色代表信賴與誠實、綠色代表調和與成長。從很久以前開始，這些顏色就常被當成商標的顏色與公司代表色。而這三種顏色中，最常被使用的是紅色，包括日本航空、豐田、本田、佳能、資生堂、日清以及 UNIQLO 等，不勝枚舉，這些公司涵蓋了航空、汽車、精密機械、化妝品、食品與成衣等產業。許多企業曾申請過以紅色作為色彩商標，但至今仍沒有任何一個企業通過審核。

三井住友財團成立巨型銀行的歷史尚淺，其「綠色與黃綠色雙線條紋」商標卻被認可為色彩商標。深綠色象徵傳統、黃綠色象徵進步，兩者的組合有其獨特性，有利於提升大眾對其品牌的認識。

各個銀行的招牌

圖片來源：Shutterstock

圍繞著魯布托紅底鞋的國際官司

欲申請為色彩商標時，除了可以像 7-ELEVEn 那樣，申請將色彩（配色）作為商標之外，也可以申請將色彩與色彩的使用位置作為商標。由法國設計師創立的鞋子品牌——克里斯提．魯布托（Christian Louboutin，以下簡稱為魯布托）的紅色鞋底就屬於後者，並已被美國與歐洲的法院所認定。

魯布托從 1992 年起，便在販賣的高跟鞋鞋底加上了鮮豔的紅色，並在 2008 年時，向美國專利及商標局申請了色彩商標。而美國法人伊夫．聖羅蘭 (YSL) 在 2011 年的時尚展中發表了紫、綠、黃、紅等單一色系 (monochrome) 的女鞋後，魯布托認為這已侵害到他們的紅色鞋底商標權，違反了商業競爭規則，易使消費者誤認兩者為同一品牌，故提出了告訴。

法院的判決認為，魯布托的色彩商標在使用上有明確的規範：「其他廠商不得販賣鞋底為紅色，其他部分非紅色（與紅色有一定對比的顏色）的鞋子」。不過，YSL 的紅鞋整體皆為紅色（單一色系），故不構成商標權的侵害。

法院否定了 YSL 有侵害權利之嫌，不認同魯布托對 YSL 提出的禁止販售、權利限制之變更等要求，卻也沒有否定魯布托原有權利的效力，對兩造來說，這樣的結果應該還算不錯。

另一項在歐洲的官司則直到現在（2018 年 11 月）仍在進行中。2012 年時，魯布托控告荷蘭的鞋子連鎖店 vanHaren 販賣的紅底鞋侵害了他們的商標權，要求 vanHaren 停止販售該款鞋子。受理該訴訟的是荷蘭海牙地方法院，於是海牙地方法院請歐盟法院判斷魯布托的紅鞋底商標之有效性。2018 年 6 月 12 日，歐盟法院判決魯布托的紅鞋底商標權有效。海牙地方法院收到這個判決之後便開始了審理工作。

直到 2018 年 11 月，日本仍未曾認可過這種類型的色彩商標。比方說，Nikon 曾申請「將單眼反光相機的特定位置標為紅色」作為商標，這件案子正在審查中；東日本旅客鐵道曾申請將 IC 卡的綠色票面作為商標，卻被拒絕審查，故進一步提出了行政訴訟。

吸引目光的紅色鞋子

一年有 2 億美元營收的 Google 用的是哪種藍色？

用 Google 搜尋網頁時，搜尋結果的頁面中，文字連結會是藍色、網址是綠色、內文則是黑色。Google 會以使用者的閱覽資料為基礎，掌握使用者的興趣與關心的事物，再將廣告欄位販售給適當的對象。這些廣告收入占了 Google 收入的九成。

Google 想知道文字連結的藍色應呈現什麼樣的藍色，才能獲得最大的利益，於是試著分析了自家的大數據，找出了「能讓使用者的點擊數最大化的藍色」。據說就是因為使用了這種藍色，使 Google 的廣告收入增加到了一年 2 億美元（約 240 億日圓）。

Google 將搜尋結果頁面中，表示文字連結的藍色分成了 41 種樣式，並將使用者分成 41 組，分別使用不同種樣式的藍色，再分析各種使用者的行為。這是一種稱作「A／B 測試」的網路行銷手法，比較 A 方案與 B 方案所獲得的資料，再從中選擇成果較好的方案。2008 年的美國總統選舉中，歐巴馬便活用了這種方法，募集到了相當於 200 億日圓的資金。

2016 年，部分使用者用 Google 搜尋時，搜尋結果中的文字連結變成了黑色。有些人將搜尋結果截圖並放上社群網站，使眾人猜測 Google 是不是又在進行「A／B 測試」了。

文字連結的顏色通常是藍色，不過 Google 搜尋結果的藍色，又和其他搜尋引擎的藍色有些微不同，某些網站的文字連結甚至不是藍色。

Google 的藍色是最適合 Google 搜尋網站的藍色，卻不代表這個藍色適合所有網站。另外，最適合電腦介面的藍色，也不一定是最適合智慧型手機介面的藍色，中間還需要許多分析討論才能斷定。

比方說，在電腦介面下，將滑鼠游標停留在文字連結上時，文字連結會出現底線，故使用者可以藉由底線的有無，直覺地判斷可點擊的區域。但如果用的是智慧型手機介面，使用者操作時會直接點擊畫面，而非在連結上懸停，故設計者在設計手機操作界面時，需考慮到當使用者無法藉由游標懸停知道點擊範圍時，會進行什麼樣的操作。

Google 經實驗得知，當文字連結的顏色不同時，點擊機率也會略有差異。這也是顏色會影響人類行動的顯著證據。

Google 的文字連結顏色會影響使用者的行動

特定的顏色和燈光會讓人想要「再買一個」、「再喝一杯」

暖色系的外部裝潢可以吸引客人進入店面，而適當的內部裝潢也有其功能。超市與購物中心等賣場常會使用冷色系的內裝，使前來的客人放鬆心情，拉長客人在店內的逗留時間，慢慢選擇商品，增加購物金額。

相反地，若想縮短客人逗留的時間，提高翻桌率的話，則會改用暖色系的內裝。舉例來說，速食店就會為了減少客人占用座位的時間，使用鮮豔的紅色與黃色。

超市常會使用冷色系的天花板照明燈光

提供酒類的酒吧會用顏色與燈光來影響客人的行動，使客人逗留的時間延長。酒吧裝潢常會使用棕色系顏色，這是一種神奇的顏色，雖然屬於暖色系，卻有著讓人放鬆心情的效果。酒吧店內的燈光較暗，營造出了沉穩平靜的氣氛，唯有調酒師所在的吧臺燈光較亮，這使得坐在吧臺的客人感覺自己就像站在舞臺上一樣，成為了聚光燈的焦點，有種被當成重要賓客對待的感覺。於是客人可能會多點幾杯酒，卻又覺得似乎不太適合一直待在這裡，想匆匆走向櫃臺結帳，卻又帶著一絲留戀。客人之所以會再度光臨酒吧，或許也是因為受店內的顏色與燈光的影響。

同樣地，在高級精品店內，接待客人的地方也會比周圍還要亮，這樣可以讓客人備感尊榮。

酒吧的內部裝潢多以暖色系為主，雖然可營造出沉穩平靜的氣氛，卻讓人無法久待

智慧型手機的配色有規則可循

日本人智慧型手機持有率的變遷，從 2011 年時的 14.6%，到 2016 年時的 56.8%，五年內提升至近四倍。另外，日本有一半以上的手機使用者用的是 iPhone。

iPhone 的顏色種類大致上可分為經典色、慈善紅色與流行色三大類。經典色從 3G 到 5 皆為黑白兩色，從 5s 到 XS 則改以銀色、金色等金屬色系為中心。經典色款的使用者常傾向用透明手機殼，或許是因為想要保護手機本體，卻不需特別隱藏手機款式。

從 7/7 Plus 以後，iPhone 多了 (PRODUCT) RED 這個特別的紅色可以選擇。搖滾樂團 U2 的波諾 (Bono) 發起了一項終結非洲愛滋病的計畫，而購買這種顏色的 iPhone 就可以支持這個計畫。除了蘋果公司以外，可口可樂、星巴克、Nike、GAP、Converse、美國運通等各行各業的公司都有加入這個計畫。購買這種特殊紅色機種的使用者會很重視這個機種在慈善上的意義，許多人常會像選擇禮物包裝一樣，選擇一個漂亮的手機殼。

5s 的低配版機種 5c，以及 XS 的低配版機種 XR 則推出了繽紛的流行色系。這些機種的使用者常傾向使用保守的白色外殼。

一份南加州大學馬歇爾商學院的研究報告指出，相對於經典色的手機，多數人常會小看顏色鮮豔的手機帶給使用者的滿足感。換言之，顏色鮮豔的手機帶給人們的長期滿足感比一般人想像中還要高。有不少使用者覺得「本來以為馬上就會用膩，後來卻覺得這顏色蠻耐看的」。

選擇流行色系的使用者通常不太執著於手機的顏色。他們進入賣場後，看到順眼的顏色就會買下來，不太會猶豫。

iPhone XS 與 iPhone XS Max 有金色、太空灰、銀色可以選擇

圖片來源：Dreamstime

iPhone XR 有藍色、白色、(PRODUCT) RED、黃色、黑色、珊瑚色可以選擇

圖片來源：Dreamstime

為什麼戴森的顏色策略會成功？

「戴森，不變的吸力，首屈一指的吸塵器」。2011 年，戴森 (Dyson) 挾著這段自信的廣告詞，在日本市場推出了直立式無線吸塵器。這種劃時代的清掃方式與強烈的吸力，創造了「直立式無線吸塵器」的新市場。雖然戴森的吸塵器相對高價，然而在 2017 年，日本家電量販店所販賣的無線吸塵器中，戴森的銷售量卻占了五成以上。

戴森吸塵器那特殊的設計與配色，不只有宣傳效果，也在過去以白色為主的家電市場中，吹起了一陣嶄新的風潮。這種配色又被稱作「打破顏色規則」，就像是在宣示要推出既有市場不存在的劃時代產品一樣。

1998 年時，蘋果公司推出的半透明、彩色外殼的 iMac 系列也是打破顏色規則的代表性例子。不過這系列剛推出後，馬上就有其他公司模仿，於是蘋果公司為了保護設計專利而提告。雖然蘋果公司的主張大多有被法院認同，但從判決中我們也可以看出，在設計專利的部分，法院較重視產品的外型，而非顏色。

戴森申請了技術上的專利權、產品顏色與設計的設計權、商品名稱與廣告詞的商標權。除了能加深大眾對產品的印象之外，也能防止其他公司的模仿。

家電賣場中展示的戴森吸塵器

圖片來源：Shutterstock

家電量販店與居酒屋的目標客群是男人？

iPhone 發售新機種時，世界各地的蘋果商店都會出現長長的隊伍。對於那些想要盡快拿到新機種的蘋果粉絲們來說，iPhone 可以帶給他們許多娛樂，也包括購買新機種的過程。

在戴森與 Roomba 投入市場之後，各家吸塵器在功能上的競爭也愈來愈激烈。因此各個家電量販店也設置了專櫃介紹人氣商品，並準備了寬廣的空間演示機器的性能，使賣場呈現出與過去完全不同的風貌。

不過，如果是要買白色家電等較傳統的產品，多數消費者會優先考慮購買較便宜的款式。而在實體店面中，以價目牌標示價格最能吸引消費者的注意。價目牌的顏色會影響到營收，所以一般的家電量販店會讓價目牌愈顯眼愈好。

一般來說，商品打折時，會在白色或黃色的價目牌上用大大的紅色文字寫出價格。而且用黃色會比用白色顯眼，可以讓人馬上知道這是特價品。

菜色很多的居酒屋也一樣。居酒屋會在牆壁貼上風格統一的價目表，然後另外準備一份手寫價目表，並用紅色的線，或者是○、◎等符號標示某些菜色。大部分的人看到這樣的價目表後，就知道哪些是這家店推薦的菜色了。

許多男性對於商品的性能或味道並沒有什麼研究，卻容易受到價目牌上紅色標註的影響。我們可以說，家電量販店的價目牌，以及居酒屋的價目表，就是瞄準了男性顧客的行動特性。

居酒屋會在牆壁上貼出「本日推薦」的商品，並以紅字寫出價格

為什麼快時尚服飾店可以吸引女性顧客上門？

能吸引女性顧客的店面，通常也有著特殊配色。舉例來說，UNIQLO、GU、ZARA、H&M 等快時尚服飾店中，除了會祭出特價的標籤吸引顧客外，也會以色彩豐富的商品抓住客人的目光。和男性相比，女性一般比較不會在意價格標籤上的顏色。不過，當女性被美麗的顏色包圍時，心情會變好，就算沒有想要買的念頭，也會拿起衣服來看看。

快時尚服飾的店內有許多可以照出全身的鏡子，顧客選購時無須顧慮店員的目光，拿了衣服就可以在鏡子前比比看適不適合，不知不覺中，手上就會拿了很多衣服，每件都想去試衣間穿穿看，拉長了在店內停留的時間。雖然每一件的單價都不高，合計金額卻逐漸在增加。

另一方面，百貨公司一樓大廳大多是化妝品賣場與著名品牌的店面。化妝品對於女性來說是消耗品，會頻繁回頭購買。每次回頭購買時，都會看到櫃臺上陳列著有季節感的新顏色或限定顏色。而各個名牌精品則分別有著各自的代表色，香奈兒是黑色與白色、路易威登是棕色、愛馬仕是橘色、卡地亞則是波爾多紅。雖然都不是鮮豔的顏色，然而美麗整齊的玻璃櫥窗，常會刺激女性的購買慾。

　　這種用化妝品的繽紛色彩與名牌精品吸引女性顧客進場，再將她們逐漸引導至上方樓層的商品配置與手法，稱作噴水池效果。百貨公司會在地下室設置食品賣場也是出於相同的原因，各種讓人食指大動的食品色澤，會讓人在不知不覺中被吸引過去。

被美麗的顏色包圍時，心情會特別好

「流行色賣得很好」是個謊言

服裝、頭髮、指甲等都有所謂的流行色，那麼流行色又是怎麼決定的呢？

1963 年成立的 Intercolor（International Commission for Color，國際流行色委員會）是一個選定流行顏色的跨國機構，在 2016 年時已有 16 個國家加盟。加盟各國會在會議中提議未來的流行顏色，並於 6 月決定兩年後的春夏流行色，於 12 月決定兩年後的秋冬流行色。日本為 Intercolor 的創始會員之一，在成立時便以 JAFCA（Japan Fashion Color Association，日本流行色協會）的名義加入。

JAFCA 會依照國際的色彩趨勢資訊，選定適合日本國內市場的流行色。為了獲得較有用的資訊，JAFCA 會持續觀察市場動向，並在目標季節來臨前做出三次報告，提供最適當的色彩趨勢資訊。

為什麼早在兩年前就要討論色彩趨勢變化了呢？這是因為，商品的企劃、製造、販售等，需要一年半左右的時間才能完成。然而自 1990 年代起，GAP、ZARA、H&M、UNIQLO、GU 等 SPA（speciality retailer of private label apparel，製造零售業）逐漸抬頭，這些企業中的商品企劃、製造、販售週期大幅縮短。SPA 的各公司會參考消費者的反應，以熱賣商品為中心進行企劃、製造、販賣。

Intercolor 與 JAFCA 所選擇的流行色只能算是猜測。另一方面，ZARA、GU 則是看哪種顏色的商品賣得好，就製造那種顏色的廉價服飾，所以我們才會看到消費者所選擇的商品顏色常常都是流行色。

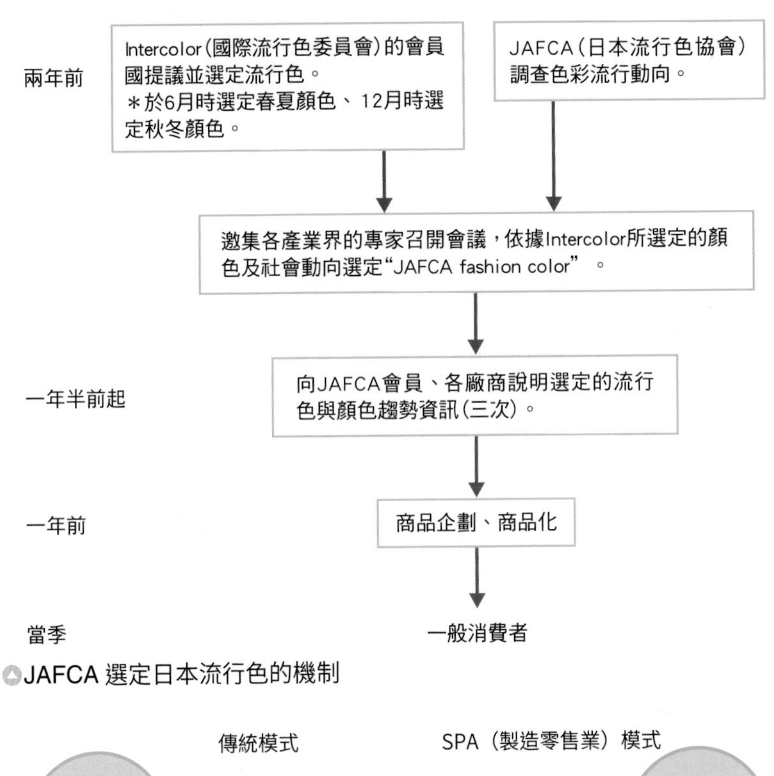

JAFCA 選定日本流行色的機制

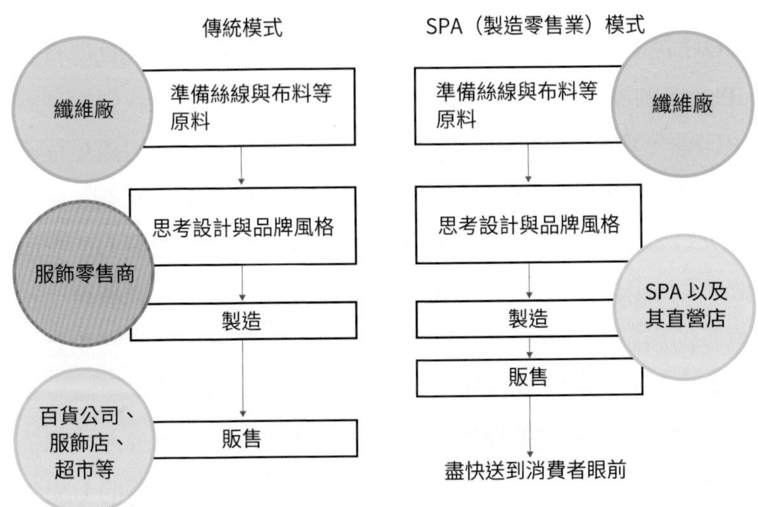

比傳統模式更為迅速的「自產自銷」SPA 型

「基本款的顏色很耐看」也是謊言

2015年左右，UNIQLO的衣服開始刊載在女性時尚雜誌上。現在也常可見到人們在上班時穿著UNIQLO的衣服。而在2018年，日本最華麗的女性時尚雜誌之一*25ans* (*Vingt cinq ans*)於九月號的「TOKYO發行，名牌是常識！」特集頁面中，首次刊載了UNIQLO的商品。

*25ans*曾起用叶姊妹❶為讀者模特兒並以此著名。該雜誌的讀者模特兒們又常被當作高雅女性的代表，雜誌中刊載她們穿戴香奈兒、愛馬仕、古馳、路易威登等名牌服飾新品的樣子，展現出華麗的生活風格。雖不曉得這些高雅女性平時是否會穿著UNIQLO的衣服，不過當*25ans*刊載了她們穿著UNIQLO的衣服後，讓UNIQLO擺脫了「便宜貨」的稱號，多了「簡單」、「機能性」等形象，提升了UNIQLO這個品牌給人的印象。

GU是UNIQLO的姊妹品牌，他們之間的關係讓人覺得有點像是iPhone的高配版(5s、XS)與低配版(5c、XR)。而我們對品牌的第一印象，會影響到我們預設該品牌產品能帶給我們的滿足程度。

因為樣式簡單，機能性高而購買UNIQLO衣服的人們，會因為UNIQLO品牌形象的提升而獲得更高的滿足感；而購買GU衣服的人們，則會因為商品便宜，又能順應流行變化，使人們獲得比預期中更多的滿足感。像這樣清楚區分出高配版與低配版品牌的差異，明示兩者的優缺點，可以提升民眾對品牌的信賴。

另外，實際購買的顧客在選擇顏色時，可能有不少人「想挑選可以穿去上班的顏色」。當他們步入有許多顏色可以選擇的UNIQLO和GU時，多數人還是傾向選擇基本款的顏色。不過，因為現在的人們就算「被人知道穿的是 UNIQLO 的衣服」也不會在意，又不希望「和別人穿同款式的 UNIQLO 服裝」，所以「選擇基本款的顏色比較好」的想法就愈來愈淡了。

如果你在猶豫要選擇哪種顏色比較好，並且完全沒有任何想法的話，建議可以購買鮮豔的顏色，因為鮮豔的顏色可以帶給你很高的滿足感。

譯註　[1]叶姊妹：為日本一個雙人藝人團體。

位於東京的 UNIQLO 店面。店內有各種顏色的衣服，但基本款依然熱銷

圖片來源：Shutterstock

便利商店內就有賣適合每個人顏色的口紅

隨著季節或特定節日的到來，化妝品廠商也會推出新顏色或季節限定顏色。化妝品會直接搽在肌膚上，為肌膚上色，因此與衣服相比，不同顏色的化妝品對同一人的適合程度會有明顯落差。許多人即使被新顏色或季節限定顏色的魅力吸引，卻還是會謹慎選擇適合自己的顏色。

我們可以依照販賣地點，將化妝品的品牌分為三大類。

在百貨公司設櫃的品牌通常會設定較高的價格，並準備齊全的顏色。購買百貨公司專櫃化妝品的客人，可以聽取店員對各種商品的說明，並嘗試使用各種商品，再選擇自己最喜歡的顏色。

藥妝店也有販賣許多品牌的化妝品，價格比百貨公司還要低，甚至也有販賣所謂的廉價化妝品。雖然顏色種類不多，卻可以自由試用賣場的樣品，再選擇自己喜歡的顏色。

百貨公司與藥妝店賣場常會設置樣品供人試用
圖片來源：Shutterstock

◎便利商店販賣的口紅顏色範例

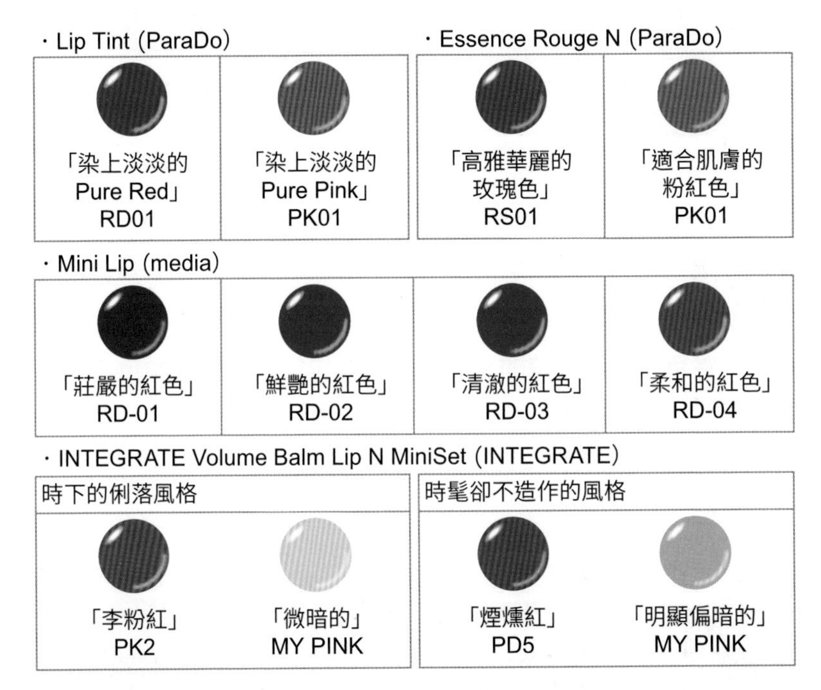

顏色選擇最少的是便利商店的化妝品。7-ELEVEn 有 “ParaDo”；全家、Circle K、Sunkus 有佳麗寶的 “media”、LAWSON 有資生堂的 “INTEGRATE”。各大便利商店都有與之對應的品牌，每項產品大約只賣 500～1000 日圓。

便利商店內，口紅、頰紅、眼影等化妝必要的產品一應俱全，不過顏色上大概就只有四種左右。而且便利商店內不會擺出樣品，廠商為了讓顧客知道使用化妝品後的樣子，就只能在廣告詞和顏色名稱上下功夫了。

便利商店的化妝品會為不同風格的使用者準備適合的顏色，並將這些顏色系統化。因此對於常化妝的人來說，便利商店的化妝品也是不容忽視的一塊。

成功的顏色客製化商品需要一定的機制

豐田汽車旗下的高級汽車品牌 LEXUS 有提供客製化汽車服務，顧客可指定外裝與內裝的顏色。一般來說，我們會認為色彩客製化對顧客來說是很好的服務，但在選擇一個和既有產品不同的顏色時，其實會花上不少時間。有些顧客能自行決定所有顏色，不過優秀的業務通常都能掌握這些繁忙客戶的喜好，進而提案客製化內容供顧客參考。販售 LEXUS 這種高級車時，業務的提案能力就顯得相當重要。

美甲時可選擇的顏色很多，常讓人有選擇困難。有些店家的美甲師會在美甲的同時接受顧客諮詢並提供建議，藉此博取人氣

圖片來源：Shutterstock

說到顏色客製化，在女性朋友間廣受歡迎的美甲，也是相當成功的例子。自 1990 年代起，以藝人為中心，開始吹起了美甲的風潮，一般民眾也開始了解到美甲師這個職業。一項 2018 年的調查指出，20～40 歲的日本女性中，有一半以上曾經美甲過。當她們進入美甲沙龍時，會被繽紛的色彩吸引，但若要她們從中選出一種顏色，卻也沒那麼容易。所以美甲師會在與顧客聊天的過程中，說服顧客「現在的我最適合這種顏色」，這是美甲師的重要工作。

除了需接待客人的行業之外，有些企業會活用網路的便利性，推出顏色客製化的服務。譬如運動品牌中的 NIKEiD、NB1，就有提供客製化顏色的服務。

進入他們的官方網站後，就可以指定運動鞋的每一小塊顏色與材料，確認過完成時的示意圖後，就可以訂製這雙鞋。

運動鞋外觀的顏色排列組合非常多，實體店面不可能放得下所有種類。若想要選擇細部顏色的話，可以善用網路訂購服務

圖片來源：Shutterstock

為什麼萬聖節的顏色策略會成功？

「萬聖節」在日本已經成為了秋季的固定活動。短短十年內，萬聖節已成長為僅次於聖誕節的大型節日，經濟效益超過了 1300 億日圓。

每年到了秋天，市面上就會開始販賣各種萬聖節商品，舉辦扮裝派對與各種活動。快樂的節慶氣氛吸引了許多人參與，使市場規模一年比一年大。

萬聖節的代表顏色包括橙、黑、紫、綠、紅、白等，這些顏色象徵的魔女、鬼魂、惡魔、黑貓、蝙蝠、蜘蛛等成了人們扮裝時常見的角色。另外，受到美國漫畫的影響，扮裝派對上也有許多人會扮演與蝙蝠有關的蝙蝠俠，以及與蜘蛛有關的蜘蛛人。

萬聖節的主打對象是會在家裡開派對、育有子女的家庭，以及會到街上參加萬聖節遊行的年輕人。萬聖節的魅力，來自存在魔法的奇幻世界觀；另一方面，古今中外的各國民眾在秋天時會舉辦收穫祭、感謝祭等祭典，感謝五穀豐收，而萬聖節也是這類祭典之一。萬聖節的顏色是可以代表豐收的自然色，也是帶有懷舊感，能打動現代人心靈的顏色。

日本的秋天有賞月、七五三[1]等節日；冬天有聖誕節、新年、節分、情人節；春天有女兒節、畢業典禮、入學典禮、端午節；夏天有七夕、煙火大會、盂蘭盆會。四季中的每個節日，都有著各自的代表色，也就是這些代表色，讓市場更有朝氣與活力。

譯註 [1]七五三：日本每年 11 月的傳統活動。家中有 5 歲男孩和 3 歲、7 歲女孩的家庭，會到神社為孩子祈願。

萬聖節的代表色	常見形象
橙	枯葉、收穫、南瓜、傑克南瓜燈、火光
黑	夜晚、冬天昏暗的日子、死亡、魔女、黑貓、蝙蝠、蜘蛛
紫	超自然的事物、魔法、影子
綠	魔女、小鬼、怪物
紅	血、危險
白	幽靈、惡鬼、骸骨

萬聖節常用的顏色總有種懷舊感

男孩之所以不喜歡粉紅色是因為受到大人的影響？

四季的各個節日常是以小孩子為主角。在祈求女孩子健康成長的女兒節時，會擺上穿著十二單❶的皇后人偶，並用櫻、橘、桃的花朵裝飾，以雛霰與菱餅❷供養，餐桌上則會擺放散壽司與白酒。女兒節的裝飾會以代表平安時代貴族階層的風雅顏色為基調，大量使用粉紅、紅、白、綠、黃等柔和可愛的顏色，以及預告春天到來的明亮顏色。

而祈求男孩子健康成長的端午節，則會以穿戴了頭盔與鎧甲的五月人偶裝飾，並升起鯉魚旗、吃粽子與柏餅。端午節時，常會使用象徵武家、給人堅強勇敢感覺的顏色。

以小孩子為目標對象的產品有著獨特的色彩規則。出生後五個月內的嬰兒，可以看得到紅色與黃色，卻無法識別紫色、藍色、藍綠色，因此嬰兒用玩具的顏色多為紅色和黃色。此外，嬰兒服多為粉色系，不過嬰兒其實分不出粉色系顏色與白色的差別。一般來說，女嬰會穿粉紅色的嬰兒服，男嬰則會穿藍色。但過去曾有一段時間，女嬰穿的是藍色嬰兒服，男嬰才是穿粉紅色。

在一項與玩具有關的實驗中，發現在幼童兩歲以後，喜歡粉紅色的女童與喜歡藍色的男童會逐漸增加。幼童大多會喜歡明亮、鮮豔的顏色，不過大部分的男孩子會避免選擇粉紅色。

人們對顏色的偏好究竟是先天具備，還是後天養成的呢？至今我們仍無法完美回答這個疑問。不過有人認為，女性之所以喜歡粉紅色、男性之所以喜歡藍色，是因為受嬰幼兒時期被給予的顏色所影響。

慶祝女兒節時，常會使用柔和而明亮的顏色

慶祝端午節時，常會使用象徵堅強勇敢的深色

譯註 ❶十二單：是日本女性傳統服飾中最正式的一種。

❷雛霰與菱餅：兩者皆為日本特有的和菓子。

什麼顏色的蛋最好吃呢？世界各地的人們看法相同嗎？

生蛋拌飯（日語讀音：Tamago Kake Gohan），在日本又稱作TKG，是日本特有的飲食文化。全世界每個地方的人都會吃雞蛋，不過生吃雞蛋的吃法卻很少見。這也使得日本在培育雞蛋時，與其他國家有些許差異。

在日本國外吃到荷包蛋或水煮蛋時，會發現國外雞蛋的蛋黃比較偏白。日本之所以要培育蛋黃顏色比較深的雞蛋，應該就是因為要讓生蛋拌飯的顏色看起來比較漂亮。蛋黃的顏色取決於飼料，因此日本的養雞場會在飼料中添加富含黃色色素——類胡蘿蔔素的甜椒與萬壽菊。黃色色素可以讓蛋黃的顏色變深，卻不會影響到營養價值。

雞蛋依照蛋殼顏色，大致上可以分成紅蛋和白蛋。美國人喜歡吃白蛋，而法國市面上幾乎看不到白蛋。日本的雞蛋賣場則是兩者皆有販賣，不過高價的雞蛋中，紅蛋的比例比較高，或許是因為不少日本人認為紅蛋比白蛋還要營養吧！

什麼樣的顏色看起來比較好吃？這個問題並沒有世界共通的答案。但可以肯定的是，食品產業相當重視產品的顏色。消費者除了會選擇能刺激食慾的顏色之外，也會顧慮到食用色素的安全。食用色素可以分為天然色素、合成色素與人工色素三大類。多數消費者比較偏好天然色素，不過由動物來源製成的色素不能用在素食上，在色素的選擇上，仍有許多該顧慮的細節。

為食品上色時，不只要考慮能否刺激食慾，也要配合市場的需求來做決定。

日本人喜歡蛋黃顏色較深與紅蛋殼的雞蛋

餵雞隻吃玉米飼料的話，雞蛋的蛋黃會偏鮮黃色；餵食含甜椒成分的飼料，蛋黃顏色會比較深；餵食白米的話，蛋黃則會偏白

在收銀臺前要注意！有些顏色會讓人衝動購物

在便利商店的收銀臺前等待時，眼光被收銀臺旁邊的「炸雞」吸引過去，最後在不知不覺中買了本來沒有打算要買的炸雞。你是否也有過這樣的經驗呢？

即使是平時行動很理性的人，也會有不自覺突然放鬆、注意力渙散的瞬間。購物時，最容易掏出錢的時刻，就是決定「今天就買這個和這個吧」，並準備要付錢的時候。因此，店家會在收銀臺前面陳列各種促銷商品。

一項與收銀臺前商品有關的調查指出，便利商店的顧客最常買的是炸雞與熱狗等熱食炸物，超市的顧客最常買的則是口香糖與糖果。便利商店的熱食會使用暖色系燈光照明，並使用紅色與黃色的紙盒盛裝，使顧客的視線在無意中被吸引。口香糖和糖果則會用鮮豔的包裝盒吸引目光。口香糖與喉糖可以消除口臭，並讓使用者保持清醒，重視社交禮儀的消費者在收銀臺前看到這些商品時，當下可能就會購買。

將季節限定的零食陳列在收銀臺前，也有促銷的效果；吸菸者在收銀臺看到喜歡的牌子時，也會產生不得不買的想法。綜上所述，不同商品會因為不同原因讓消費者衝動購物，因此廠商在商品的配色與設計上需要多下點功夫。

在某些例子中，可以看到消費者會為了搭配顏色而順便購買其他商品。舉例來說，在西裝店購買 4 萬日圓的西裝之後，店員常會推薦買下一件能搭配這套西裝的 9000 日圓襯衫。購買高價產品後，看到較便宜的商品時，會覺得這價格沒什麼大不了的，因而買下額外的商品。購買家具、汽車、住宅時也一樣，在買下 300 萬日圓、5000 萬日圓的高價物品後，看到 20 萬日圓、200 萬日圓的選配商品就比較容易手滑。

網路購物時，常可看到「購買這項商品的人，也買了這些商品」、「再加〇日圓，運費免費」等訊息。這也是利用了人們常會順便購買其他商品的行銷方式，又叫作緊張減除 (tension reduction) 效應。

在許多便利商店的收銀臺旁，會擺放專門陳列炸物的透明櫃。除了基本款的炸雞之外，還會陳列甜甜圈等食物

圖片來源：Shutterstock

專欄

會沉迷於美肌 App 是因為「記憶色」

你知道「皮膚色（肌色）」已經從日本的蠟筆、顏料、色鉛筆中消失了嗎？因為消費者批評這有「種族歧視」之嫌，於是產業界各大企業便聚在一起，討論可以取代「皮膚色」的顏色名稱。後來色鉛筆廠商決定從 2000 年起，將皮膚色改稱為「薄橙」色；蠟筆與顏料廠商亦從 2007 年起，將皮膚色改稱「薄橙」色。

皮膚色是日本的日常慣用顏色名稱之一，常用來表示日本人皮膚的顏色。不過，皮膚色其實僅是最適合人偶皮膚的理想顏色，和實際上的皮膚顏色還是有些差異。那麼，為什麼皮膚色會和實際上的皮膚顏色有差異呢？

人類記憶中的事物顏色，通常會比實際顏色還要鮮豔一些，這又稱作「記憶色」或「印象色」。因此，以機器顯示照片或影像時，機器會自動將顏色調整成記憶色，而非呈現實際的顏色。這是因為，就算呈現出實際上的顏色，我們也會覺得與記憶中不同。

使用數位相機與智慧型手機的相機時，會有「風景」、「肖像」等預設濾鏡可以選擇。選擇「風景」的話，可以讓草木的綠色更為鮮綠；選擇「肖像」的話，則可以讓皮膚的顏色更為美麗。每個人的記憶色略有差異，故可善用手動設定，將顏色調整成攝影者看起來最舒服的樣子。

隨著 Instagram 的流行，美肌 App 的使用人數也逐漸增加。相機重現的皮膚色，通常比實際的皮膚色還要鮮豔。人看手機畫面的時間，又比看鏡子的時間還要長，所以腦中記憶的皮膚色也就變得愈來愈鮮豔。於是，人們看到相機重現的皮膚色時，違和感就會愈來愈重，心裡想著「我的皮膚應該要更漂亮才對」，將美肌 App 開得更兇。雖然在當下滿足了自己對顏色的要求，卻也逐漸改變了對皮膚色的認知。

要是美肌 App 開太大的話，會讓人有「啊，美肌開過頭了」的感覺，於是又有人研發了能夠呈現出自然肌膚的美肌 App。但顏色的調整沒有那麼簡單，或許以後還會出現各種美肌 App，調出各種肌膚的顏色。

許多人在「自拍」時一定會用美肌 App

第3章

只有專家知道的「用色訣竅」

讓重訓中的男人產生動力的顏色

近年來吹起了重訓與低糖飲食的熱潮，跑健身房的人持續增加中。在 Instagram 上搜尋時，會發現 hashtag 為 #重訓、#重訓女子、#重訓男子、#重訓餐的留言也愈來愈多了。

健身房有許多健身器材，可以讓人練習仰臥、推舉等動作。這些器材常會用黑與銀的配色，給人堅硬剛強的印象。男性會被看起來很帥氣的顏色吸引，而健身房就很常使用能讓重訓男性拿出幹勁的顏色。

健身器材常使用黑與銀的配色

圖片來源：Shutterstock

話說回來，RIZAP 的電視廣告標語「我們承諾結果」，不也是造成這次重訓與低糖飲食熱潮的原因之一嗎？廣告中，飲食管理成功的人們，帶著鍛鍊有成的腹肌，自豪地說著自己重訓的成果，再搭配 “Bootsu、Bootsu、Bootsu、Bootsu” 和 “Tere——te te Tere—” 的音樂，加強觀眾對重訓前與重訓後差異的印象。廣告中體驗者身材的劇烈變化與音樂節奏或許給了人深刻印象，但其實顏色與商標也扮演著很重要的角色。

在 RIZAP 提供的規劃中，會為會員進行重訓與飲食管理，每兩個月的費用為 35 萬日圓，相當昂貴，如果沒達成目標的話會退還這些費用。不過，RIZAP 在許多地方都會使用具厚重感的黑色和象徵成功的金色，營造出「只有特別的人才能享用他們的服務」的高級感。以富裕人士為目標的信用卡，常用金色或黑色作為卡面的主體顏色，使客戶有備受尊崇的感覺，RIZAP 的黑金配色也有同樣的效果。

另外，位於商標的左右兩邊，分別有一個看起來像是迴力鏢的圖樣。這個圖樣的頭尖尖的，卻描繪出了優雅的曲線。武器的樣子可以吸引男性的注意，優美的曲線則可吸引女性的注意。有人說 RIZAP 的男性會員多為 30 多歲、女性會員則多為 20 多歲。為了吸引有自信撐過嚴格訓練的年輕男女，想必 RIZAP 也在標誌的設計與配色上下了一番功夫。

RIZAP 也與日本全家合作，推出了低糖的食品。這些食品的包裝盒也是黑與金的配色，除了可以營造出高級感之外，也期待能提高飽足感。

反映出女性生活方式的千禧粉紅

專門服務女性顧客的 “RIZAP WOMAN” 於 2018 年開始營業。其標誌的顏色為玫瑰金，背景為銀色。網站的背景為白色，內容顏色則用了鮮豔的驚奇粉紅 (shocking pink)。RIZAP 的女性會員比男性多，課程皆為一對一教學的個人課程，應該不大需要顧慮其他會員的性別才對，那麼為什麼要另外成立一個女性專用的健身房品牌呢？

RIZAP WOMAN 有產後飲食管理、婚禮前飲食管理等新型課程，還有各種美容儀器課程，以及各種比較寬鬆的飲食指導課程。在重訓風氣興起的現在，女性所追求的美麗標準從可愛逐漸轉變成帥氣，愈來愈多女性希望自己能擁有模特兒般的體型。不過，婚禮前和產後時期的女性可能不太希望進行嚴格的飲食控制。比起黑色與金色的 RIZAP，玫瑰金與驚奇粉紅的 RIZAP WOMAN 比較能引起這些女性的共鳴。

1950 年代的美國，開始流行起淡粉彩粉紅色 (pastel pink) 的冰箱與烤麵包機，據說這就是粉紅色成為女性代表色的原因之一。對於當時的美國家庭主婦來說，家電產品是可以減輕家事負擔，讓生活變得更輕鬆愉快的利器。當時的女性樂於接受粉紅色的冰箱，粉紅色成為了象徵幸福家庭的顏色。在這之後，粉紅色代表女性，藍色代表男性的色彩行銷方式逐漸成為了定則。

粉紅色是著名社交名媛，芭黎絲·希爾頓 (Paris Hilton)（希爾頓飯店的創立者康拉德·希爾頓 (Conrad Hilton) 的曾孫女）喜歡的顏色，也是以皇家氣質獲得世界各國民眾喜愛的英國王室凱薩琳王妃 (Catherine, Duchess of Cambridge) 喜歡的顏色。

2015 年以後，蘋果 iPhone 的顏色多了玫瑰金供選擇，可見粉紅色已成為了重視性別中立的當代色系之一。

「千禧粉紅 (millennial pink)」是一類 2016 年起開始流行於時尚界、飲食界、社群網站上的粉紅色，廣受 2000 年前後出生的千禧世代喜愛。千禧粉紅包括了粉彩粉紅色、玫瑰金、鮭魚色、灰粉色、驚奇粉紅等各式各樣的粉紅色，並不是特定顏色的名稱。其中，驚奇粉紅又是象徵行動力、堅強與高美學意識的顏色。

於 2017 年出席軍旗敬禮分列式的凱薩琳王妃

圖片來源：Dreamstime

為什麼會既濃厚，又清爽呢？

RIZAP 的黑色與金色、RIZAP WOMAN 的玫瑰金與驚奇粉紅，都是應用人們對各種顏色的感覺，改變對飲食控制的印象。不過，顏色能改變的不只是人們對一項事物的印象。這裡讓我們以牛奶的包裝為例，分析顏色能產生哪些效果。

牛奶的乳脂肪成分愈高，味道愈濃厚，價格也愈高。不過另一方面，口感爽快、餘味清新的牛奶也很受歡迎。這種特徵不僅限於牛奶，許多食物都會表現出兩種不同的風味，像是「雖然清淡，卻很有韻味」、「雖然濃厚，卻很清爽」等等。

為了給人清爽的印象，牛奶盒上常會使用藍色。看到包裝盒上的藍色，再將視線移到白色的牛奶之時，原本白色的牛奶看起來會接近生奶油的顏色。也就是說，先看藍色再看白色時，會看到藍色的補色──黃色。這種現象稱作心理補色、繼時對比。有些人認為，盒裝牛奶常會使用藍色包裝盒，就是因為這種效果可以讓人產生牛奶很香醇的印象。

不過，也有某些牛奶商會用紅色包裝盒。紅色牛奶盒的遮蔽性較好，可以防止牛奶因光照而劣化。另外，牛奶是購買頻率很高、選購時不會花太多時間的商品。在超市與便利商店的牛奶區內，紅色牛奶盒會特別顯眼，對於平常就有在購買牛奶的人們來說，可以迅速找到他們想要的商品，是紅色包裝的一大優點。

將視線從藍色包裝盒移到牛奶上時，原本是白色的牛奶看起來會接近生奶油的顏色

圖片來源：Shutterstock

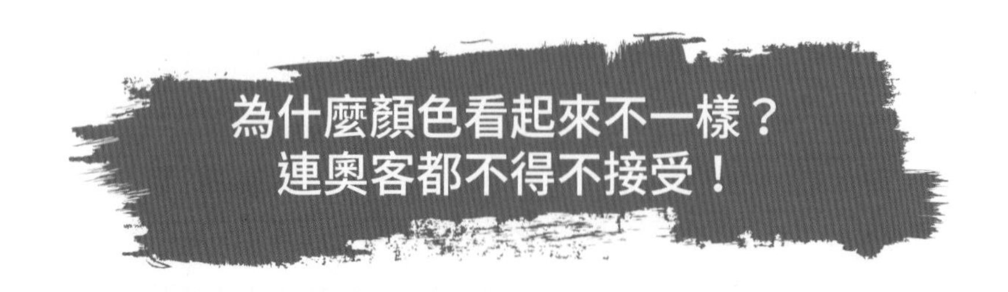

為什麼顏色看起來不一樣？連奧客都不得不接受！

在超市與百貨公司的食品區，常可看到食品與對比色的物體一起被陳列在架上，這種稱為「同時對比」的顏色效果可以讓食品看起來更美味。

舉例來說，在肉類區的玻璃櫥櫃內，常可看到肉被擺放在綠色的網板上。將紅色和補色綠色擺在一起，可以凸顯出肉的紅色，讓肉看起來比較新鮮。

而在蔬菜區，則可看到工作人員用紫色膠帶將菠菜、韭菜等深綠色蔬菜綁成一束束的樣子。綁蔬菜用的膠帶通常有紅色、黃色、綠色等，沒有人規定綁哪種蔬菜時一定要用哪種顏色的膠帶，不過習慣上會用紫色膠帶來綁葉菜類。有人認為，用紫色膠帶綁葉菜類時，可以讓葉菜類看起來更為水嫩。

當我們看到顏色相異的物體擺在一起時，產生的「同時對比」效果常比我們想像中的大。現在的店家在陳列商品時，往往會積極使用這種效果。

首先注意到同時對比效果的是法國的有機化學家，米歇爾．歐仁．謝弗勒爾 (Michel Eugène Chevreul, 1786～1889)，他同時也是格伯林壁毯廠的染料生產主管。常有顧客向謝弗勒爾抱怨染的顏色不對，他卻發現染色過程本身沒問題，問題出在顏色的排列組合，並寫下《色彩的和諧和對比原理》(*The Principles of Harmony and Contrast of Colours*, 1839) 一書來說明這件事。謝弗勒爾的研究影響了之後的新印象派（點描派）畫家喬治．秀拉 (Georges-Pierre Seurat, 1859～1891)。

同時對比可分為色相對比、明度對比、彩度對比三大類。而邊緣對比與補色對比，則同時與這三種對比中的其中幾種對比有關。

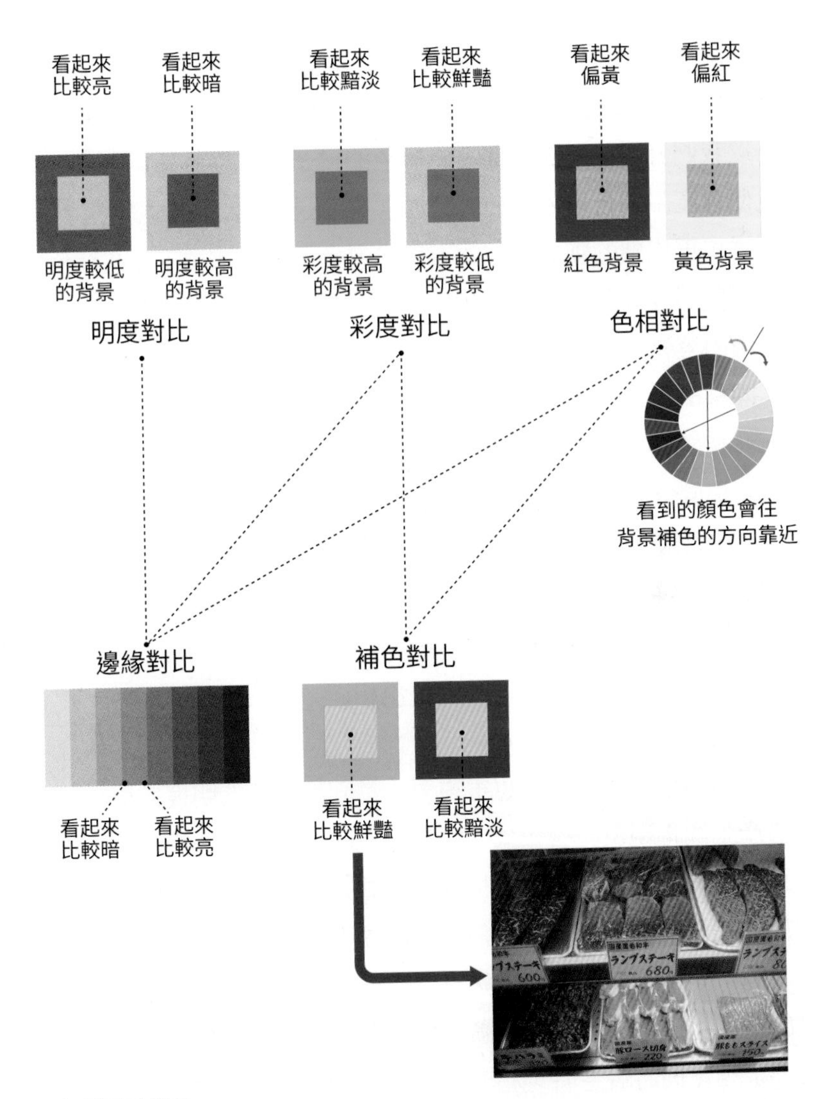

△各種同時對比

為什麼要將橘子和秋葵放入網袋內？

相較於同時對比，同樣是讓兩種不同顏色的物體相鄰，卻使其互相融合，出現看起來像是兩者之間的顏色，這種現象稱作同化現象。以我們身邊的東西為例，將橙色的橘子裝在紅色網袋內，兩種顏色便會產生同化現象，使橘子看起來像是「偏紅的」橙色，給人更新鮮、更成熟的感覺，因此，愈來愈多店家會將橘子裝在紅色網袋內販賣。將山葵與毛豆放在綠色網袋內販賣也是基於相同的目的，可以讓內容物看起來更為鮮綠。

同樣的現象也會發生在細條紋花樣的物品上。舉例來說，假設有兩件灰底白橫紋 T 恤，一件的白橫紋比較細，另一件的白橫紋比較粗，那麼，即使底色是同樣的灰色，細白橫紋的 T 恤看起來會比較白，這也屬於同化現象；相反的，粗橫紋 T 恤的灰色則會顯得相當清楚，這就不是同化現象，而是對比現象了。

綜上所述，橫紋是很簡單的花樣，然而細橫紋會產生同化現象，粗橫紋卻會產生對比現象。即使配色相同、條紋粗細不同時，就會有不同的視覺效果。

兩種顏色間的明度差也很重要。當兩種顏色的明度差很小時，容易產生同化現象。譬如橘子的橙色與網袋的紅色是相近色；具白色細條紋的灰底與白色也是相近色，看起來就像是混合後的顏色；相反的，當兩種顏色的明度差很大時，對比現象的效果也會比較大。

同時對比可以分成色相對比、明度對比、彩度對比三大類；同樣的，同化現象也可以分成這三種類別。而且，當顏色的對比現象與同化現象同時發生時，心理上對顏色的感覺可能會出現很不一樣的變化。

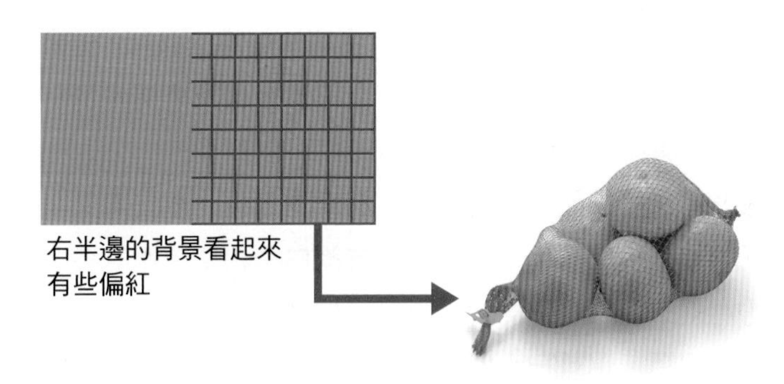

同化現象的範例

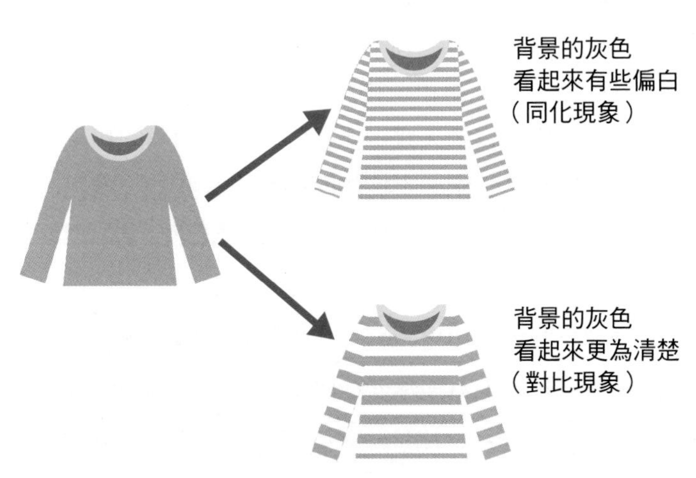

條紋粗細不同會造成不同的視覺效果

為什麼搬家用的紙箱常是白色？

在 Amazon 或 UNIQLO 等電子商務網站訂購商品時，送來的貨物都會用瓦楞紙箱包裹。電商的紙箱上常標有自家標誌、也有自己的規格，甚至有些紙箱設計成不需剪刀就可以打開。

瓦楞紙箱常用的顏色是淡棕色，為紙的原色，在日本又叫作工藝色。紙箱使用這個顏色，不只能節省漂白劑和染色劑的錢，還能讓客戶認為這家企業很「環保」。而且，這種顏色的瓦楞紙箱即使沾到汙垢也不明顯，也是一大優點。

另一方面，宅急便或搬家公司在裝箱時使用的瓦楞紙箱則多為白色。製作白色紙箱需要用到漂白劑與染色劑，成本比淡棕色的紙箱還要高，而且搬運時如果沾到汙垢，汙垢會很顯眼。雖然白色紙箱有以上缺點，但在相同重量時，明亮的顏色可以讓人覺得東西比較輕，提高工作效率。

我們會因為物品的顏色而覺得該物品比較輕或比較重，這是顏色的心理效果之一。黑色或紺色[1]等暗色會讓人覺得比較重；白色或粉彩色等亮色則會讓人覺得比較輕。這種顏色的輕重感，主要來自明度的差異，與色相、彩度的關係較小。此外，顏色的軟硬感也會受到明度的影響。暗色會讓人覺得比較堅硬，亮色則會讓人覺得比較柔軟易損壞。

配送員和搬家公司員工的工作很繁重，甚至還成了社會問題。雖然宅配公司和搬家公司並非不重視環保，但他們還是會以員工的工作效率為優先。

譯註 [1]紺色：日本特有的顏色，接近中文的深靛色。

白色的紙箱看起來會比淡棕色的紙箱還要輕

戲劇中的女主角很愛用的手提箱

公事包可以說是男性商務人士的標準配備，不過現在也愈來愈多人直接拿著筆電走在路上，或者是改用可以手提、側背、後背的三用包或托特包等比較休閒的款式。材料上，最受歡迎的是價格低廉的尼龍與合成皮，不過也有人堅持使用有高級感的真皮。顏色上則以黑色、棕色、紺色等不容易髒、搭得上西裝的暗色為主。

2018 年 7 月～9 月時，日本播放的電視劇《繼母與女兒的藍調》中，主角岩木亞希子（綾瀨遙飾）常用的銀色手提箱曾引起一陣話題。

或許是因為劇中主角在日本市占率最高的金屬公司工作，所以才設定她常使用杜拉鋁（一種鋁合金）製的手提箱。

△一般的杜拉鋁手提箱

日語的手提箱源自於法語的 “attaché case”，是大使館、公使館等情報專員使用的配備，所以名為 “attaché”（政府專員之意）。雖然市面上也有皮製手提箱，但杜拉鋁有著輕巧、抗衝擊能力強、上鎖後不易被撬開等優點而廣受歡迎。不過，現在市面上出現愈來愈多比杜拉鋁還輕的聚碳酸酯製手提箱。

聚碳酸酯因標榜「連大象也踩不壞」而著名，sun-star 文具的「Arm 筆盒」（1965 年發售）就是以聚碳酸酯為原材料。聚碳酸酯非常堅固，且透明度與玻璃相仿，可以染成各式各樣的顏色。因此，聚碳酸酯製的手提箱色彩豐富，甚至也可以做成杜拉鋁的銀色。不過一般人對手提箱的印象，可能還是以銀色的杜拉鋁製手提箱為主。

亞希子常用的手提箱，是德國名牌 RIMOWA 的產品，他們是開業了 120 年的老名牌。2016 年 10 月，路易威登與迪奧收購了 RIMOWA 的股權，將 RIMOWA 納入世界最大的時尚名牌 LVMH 旗下。於是 RIMOWA 開始推出與時尚品牌的聯名商品，如 “See Through White” 行李箱，該產品使用了銀色的杜拉鋁，以及透明的聚碳酸酯。看來他們在使用新材料製作手提箱時，也不忘致敬經典手提箱的設計。

面積常是訂做套裝時失敗的原因

KONAKA 西裝推出了 “DIFFERENCE” 這個訂製西裝品牌，顛覆了人們「西裝訂製是有錢人在做的事」的印象。顧客只有第一次訂製西裝時需要到店面量尺寸，第二次以後只要選擇布料就可以了，甚至可以在網路上選擇。

訂製西裝的魅力在於，能穿上符合自己體型的衣服。但在自己選擇的布料縫製成西裝後，常會和原本期待的樣子有很大的不同。這不是因為布料的顏色產生了變化，而是因為人類眼睛本身產生的錯覺。

當明亮的顏色占較大面積時，整套西裝看起來會比較明亮，使西裝上的顏色看起來更為鮮豔。另一方面，當陰暗的顏色占較大面積時，整套西裝看起來會比較陰暗，使西裝上的顏色看起來更為昏暗。這種因為面積的差異，使人們對亮度與色彩有不同感覺的效果，稱作「顏色的面積效果」。

在選擇家具、窗簾、地板、地毯、住宅外牆的顏色時，也需注意顏色的面積效果。特別是住宅外牆，因為牆壁的面積很大，在太陽的照射下，顏色也會不斷改變。為了避免選到不適合的顏色，最好在電腦上仔細觀察施工完成後的模擬圖。猶豫的話，最好盡可能拿面積比較大的顏色樣本來看，謹慎判斷該用哪個顏色比較好。

訂製西裝或窗簾時，請盡可能拿較大的顏色樣本比較

人體對藍光的反應

「你有在抗藍光嗎？」近年來許多新推出的產品都會標榜有抗藍光功效，抗藍光的市場也在逐漸擴大中。舉例來說，廉價眼鏡商——JINS 的 “JINS SCREEN” 產品，價格設定為 5000 日圓左右，自 2011 年發售以來，累計已賣了 800 萬副眼鏡。

藍光指的是波長為 380～500 奈米的色光，是肉眼可見的光中，波長最短、能量最強的光。藍光不會被角膜與水晶體吸收，而是直接抵達視網膜。電腦與手機的 LED 螢幕，以及 LED 燈中，都含有大量藍光。

許多人都有「藍光對眼睛有害」的印象。學術領域中，有人認為「藍光會損害視網膜，可能加速視力衰退」，但也有人認為「藍光會妨礙睡眠，但目前沒有任何證據指出藍光會損害視網膜」，至今仍無定論。

過去人們認為，人眼的視網膜上，有感覺顏色的視錐細胞，以及主要在昏暗處發揮作用、感覺明暗的視桿細胞 (p. 26、p. 28)。不過最近又有人發現了第三種細胞，可以感覺到波長 460 奈米的光線。藍光能控制生理時鐘，在健康的維持上扮演著重要角色。

有人發現，工作時間不規律的長程駕駛員在藍光照射下會比較不想睡覺。相關工作人員可以嘗試利用這種藍光效果，避免發生事故。不過，若曝露在過多藍光下，會讓生理時鐘紊亂，可能導致失眠。日本厚生勞動省建議「在使用一小時的 VDT（電子螢幕）後，應休息 15 分鐘」。

觀看電腦與手機畫面時，會特別戴上抗藍光眼鏡的人愈來愈多了

不知為何會讓人想拿取的黃金區域

VMD（visual merchandising，視覺行銷）是指藉由視覺展示吸引顧客消費的行銷方式。這種行銷方式會利用各種陳列商品的方式，抓住顧客的目光，藉此提高購買率。

舉例來說，顧客在商品櫃前挑選時，最容易伸手取得商品的高度叫作「黃金區域」。這個區域的效果隨著商品種類的不同而各有差異，在極端的例子中，高達九成的營業額都來自這個黃金區域。一般來說，黃金區域約在 85～150 公分高的位置，但依據對象是男性、女性、小孩的差異，黃金區域會各有不同。店主需先設定好主打的客層是什麼樣的人，才能依照他們的視線高度判斷黃金區域的位置。

不過，如果認為只要將商品陳列在黃金區域就能大賣的話，那也太天真了。各種商品的顏色皆不相同，要是隨便擺放的話，會讓客人有亂七八糟的印象，還會影響到賣場的美觀、逛起來的舒適程度。以下就來介紹一些陳列商品時會用得上的色彩心理效果與配色技巧。

將商品陳列在垂直的商品櫃時，若將深色商品陳列在下方，淺色商品陳列在上方，會讓人有自然而穩重的感覺。顏色的輕重感主要與明度有關，將白色、粉彩色等明亮顏色的商品陳列在上，黑色、紺色等昏暗顏色的商品陳列在下時，看起來會比較舒服。不過，暗色商品放在下方時會很不明顯，很難吸引顧客的目光。如果要讓暗色商品看起來比較顯眼的話，可以試著擴大商品的面積，甚至將暗色商品放在亮色上，藉此抓住顧客的目光。

懂得運用 VMD 的店面，會將主打的商品放在高度 85～150 公分的區間。並且適當調整商品陳列，使商品看起來不會亂七八糟

圖片來源：Shutterstock

將亮色陳列在上方時，會給人穩重的感覺。如果想讓暗色商品顯眼一點，可以試著擴大暗色商品的陳列面積，不要只放在下方

圖片來源：Shutterstock

以色彩排列來引導視線的基礎知識

人的視線移動方式為「由左到右」、「由上到下」、「由前到後」。將商品吊掛在橫桿上時，需「由左至右」、「由前至後」逐漸改變顏色，也就是以漸層的方式排列，這樣才不會阻礙到顧客的視線，讓顧客逛起來比較舒服。以漸層顏色陳列商品時，主要有三種方法。

首先是同色系的漸層，譬如五件粉紅色系商品，或者是七件藍色系商品。同色系的商品只要依照顏色濃淡排出漸層就可以了。此時，請將亮色商品放在左側、暗色商品放在右側，這樣就能自然引導顧客的視線移動。

要是商品顏色分屬不同色系的話，可以依照顏色明暗的漸層來排列。這時就不需要拘泥於色相差異，只要由左而右，使商品的顏色由亮漸暗，就能引導顧客視線移動。

也可以將各色商品依照彩虹顏色的順序，排出漸層的色相，打造出美麗、富魅力的賣場。不過這種做法會讓顧客的視線自然移動過去，難以對個別的商品留下印象。因此，在漸層色的商品陳列中，需要設置讓視線暫停下來的顏色。譬如將綠色、藍綠色、水色、藍色、藍紫色的商品依序排列，在藍綠色和藍色之間插入水色；或者將黃色、橙色、棕色、紅色、紅紫色的商品依序排列，在橙色與紅色之間插入棕色，都可以讓漸層中的明暗有些變化，讓顧客多看一眼。另外，將商品分為暖色系、冷色系、中性色系（非暖色也非冷色的顏色）、灰階色系（白色、灰色、黑色）等，依照色系分別陳列而不排出漸層，也能夠吸引到顧客的目光。

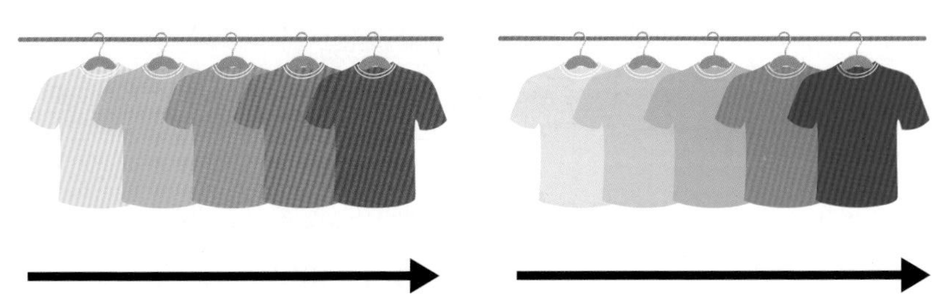

分成不同色系，由左往右使顏色逐漸加深

不論色相，由左往右逐漸變暗

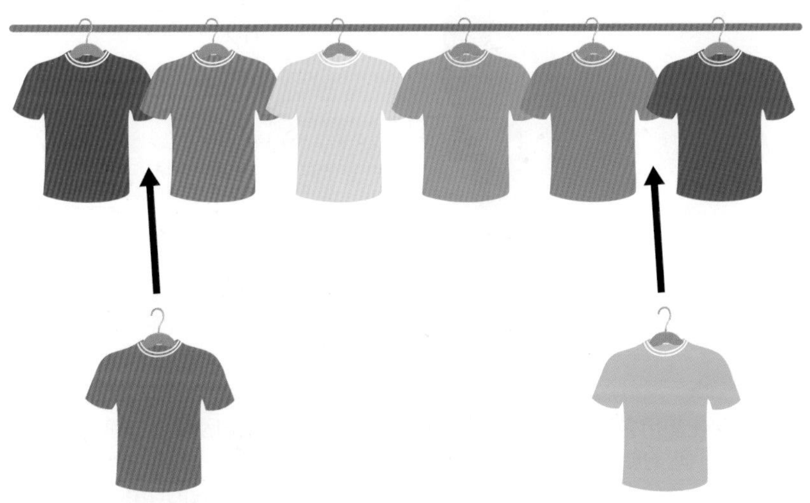

依照彩虹顏色排出漸層，並在局部做出顏色對比

運用亮度差或彩度差來凸顯目標

時髦的人們在搭配顏色時，常會使用所謂的「亮度差」或「彩度差」技巧。譬如「要是全身都是大地色（棕色～綠色系）的話，看起來很不顯眼，請用一些小東西表現出色差」、「在牛仔褲上搭一件紺色的毛衣，再稍微露出毛衣底下的白色襯衫下襬，藉此表現出色差」。所謂的色差，指的是用略有差異的顏色彼此搭配，藉此調和整體的顏色，吸引人們的目光。陳列商品時，也可善用色差效果，使欲販賣的商品更為顯眼，或者讓顏色氾濫的物品賣場能達到有調和的色調。

當欲販賣的商品顏色相當鮮豔時，可以使用所謂強調色 (accent color)。accent 有「強調」、「引出」、「凸顯」之意。當賣場上陳列著

人們會使用各種小物品來做出色差 。 譬如說使用一個顏色的補色或稍亮、稍暗的顏色做搭配，便能凸顯、強調原本的顏色。腰帶則可使用無彩色，有分開上部與下部的效果，提升人們對整體外觀的印象

圖片來源：Shutterstock

許多顏色鮮豔的商品時，會讓人有熱鬧、歡樂的感覺，卻也會給人有被強迫推銷的感受。如果能讓鮮豔顏色的分量少一些，不僅可凸顯出顏色本身的美，也更能吸引顧客的目光。

除了強調色之外，還有所謂的分離色 (separation color)。separation 指的是「分離」、「拉開」的意思，在彼此相接的色塊間插入分離色，有調和顏色的效果。一般會使用無彩色作為分離色。

分離色在以下兩種情況中可以發揮很大的效果。第一種情況是各種色彩鮮豔的物品陳列在一起，視覺刺激過於強烈時；第二種情況則是多個色彩類似的物品陳列在一起，界線不明顯時。這時藉由在物品間加入分離色，可以大幅改變賣場給人的印象。

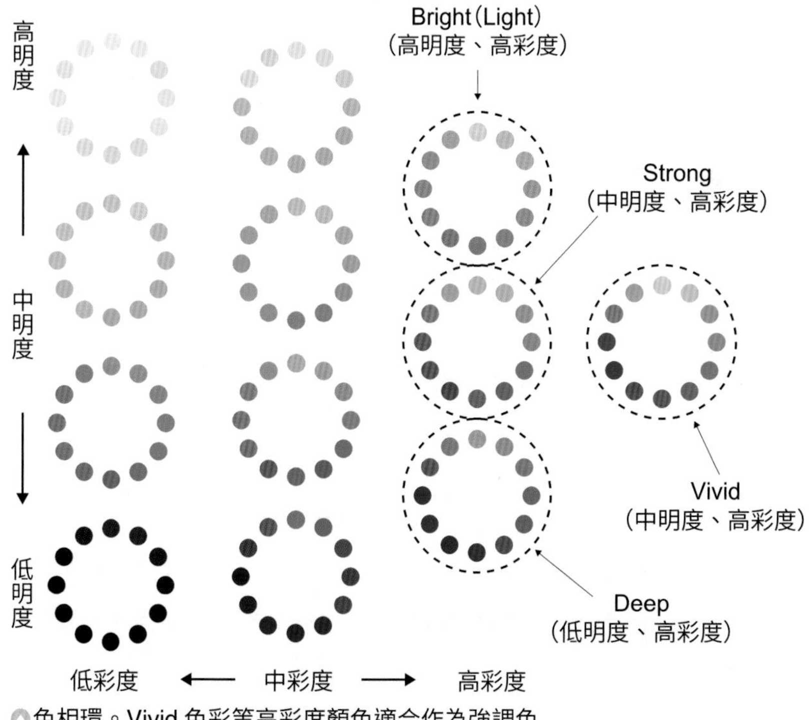

色相環。Vivid 色彩等高彩度顏色適合作為強調色

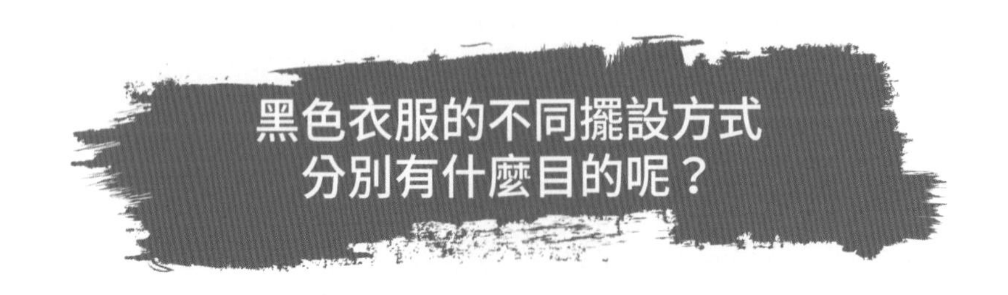

黑色衣服的不同擺設方式分別有什麼目的呢？

換季時，流行色會成為話題，時裝賣場會開始擺出流行顏色的商品。雖然此時購買流行色時裝的人會比過去還要多，但也有某些顏色的商品會賣得比流行色還要好，譬如說黑色。黑色的衣服可以給人精明幹練的印象，看起來也比較高雅。而且黑色和多種顏色都很搭，就算髒了也不明顯，不需花太多心力保養。

理論上，黑色與暗色商品通常會陳列在貨架下方或橫桿後方等較不顯眼的位置，因為黑色衣服通常比較好賣。要是平時熱門的黑色衣服賣得不好的話，可以試著改變陳列方式。如果是垂直型的貨架，可以改將黑色衣服陳列在黃金區域，或者試著增加黑色款式的陳列比例。

比方說，在一個左右皆為牆壁的狹小陳列空間中，該怎麼陳列商品才好呢？如果將黑色衣服擺在兩邊，原本就很狹小的空間看起來會更狹小，黑色衣服看起來更不顯眼。所以這時候，應該要將黑色衣服擺在中央，將亮色衣服擺在兩邊，這樣所有衣服都會變得較顯眼，使陳列空間看起來更為寬廣明亮。

此外，最能凸顯出黑色衣服的背景顏色為白色。當背景為暗色時，請將亮色衣服陳列在後方，黑色衣服陳列在前方。在正式陳列商品之前，可以讓假人套上各種商品、在桌上依照自己想要的方式陳列，比較各種陳列方式的效果。

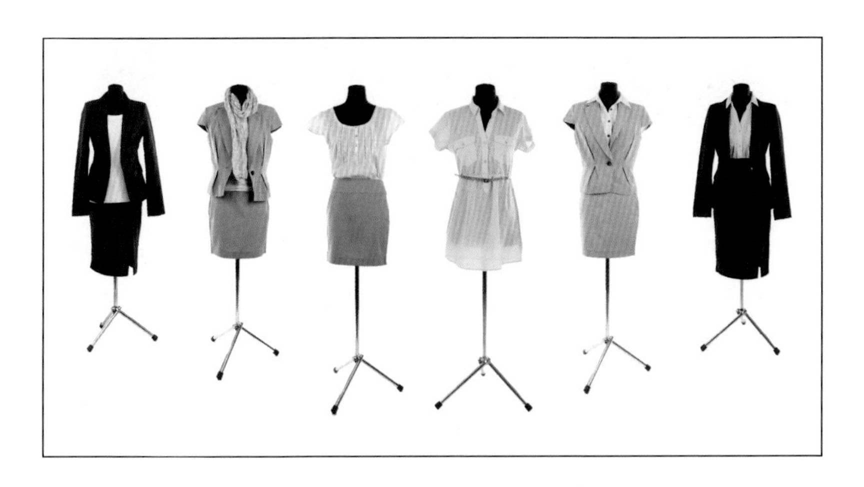

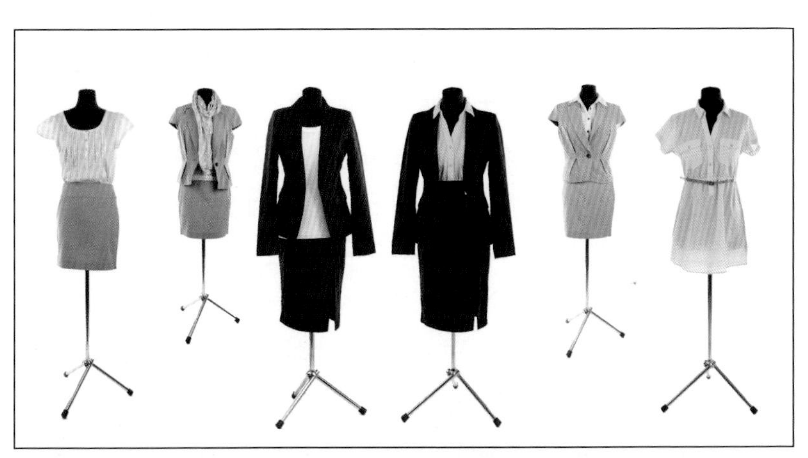

△將黑色衣服陳列在兩側時，空間看起來會更加狹小，黑色衣服也會比較不顯眼。如果想要凸顯出黑色衣服的話，請將其置於中央

圖片來源：Shutterstock

陳列的基本形狀為金字塔型

目前市面上的商品包裝多為長方形，這是為了讓店家能將所有商品緊密地堆疊起來，有效利用店內空間。不過，如果將商品堆疊成金字塔型，製造出留白的空間，有時反而能吸引顧客的視線。

為什麼要疊成金字塔型呢？有人說，人類對三角形有種「成功」、「登頂」的印象，最上方的頂點會讓人有「挑戰」更高地位的印象。

另外，三角形是由上往下擴展開來的形狀，可以說是穩固、平衡的象徵。這也是為什麼三角形的標誌會讓人覺得「美麗」、「安心」、「值得信賴」。另一方面，倒三角形則會給人不平衡、不穩定的印象，常用於注意、警戒標誌。

在陳列物品時，不穩定感並不一定會給人負面的感覺。舉例來說，結婚典禮和公關俱樂部中會出現的香檳塔，就是具備不穩定感之玻璃杯，與具備穩定感之金字塔堆疊方式的組合。兩種要素互相矛盾，組合在一起時卻產生了特有的魅力。

將商品陳列成金字塔型時，該如何配色呢？一般來說，下方用暗色、上方用亮色做出明暗漸層時，看起來會比較安穩。另外，在頂點或稜線上使用強調色，會有很好的凸顯效果。

香檳塔

圖片來源：Shutterstock

排成圓錐形的馬卡龍。如果是長方形的巧克力的話，則可排成四角錐形的金字塔

圖片來源：Shutterstock

專欄

在雜誌與社群網站中找到嚮往的「自己」

你有聽過「赤文字系」這個詞嗎？這是女性時尚雜誌的一個類群。從以前開始，*CanCam*、*ViVi*、*Ray*、*JJ* 等以 20 至 25 歲的女性為對象的雜誌，便常用紅色字作為標題，故稱其為赤文字系。這系列的時尚主要以吸引別人的目光為目的，因此也被稱作「Mote 系」[1]，象徵顏色為千禧粉紅。

另外還有一群同樣以 20 多歲女性為目標客群的時尚雜誌，稱作「青文字系」，包括 Girly 系、Street 系等多種風格。整體而言，比赤文字系還要著重於表現自我，偏向休閒風。這系列的時尚常會使用米色、卡其色、駝色等大地色。

人們對赤文字系的印象常是「可愛」、「漂亮」等，對青文字系的印象則是「時髦」、「富個性」。年輕女性之所以會花很多時間在討論時尚，又特別喜歡談赤文字系和青文字系，或許就是因為想知道「該打扮成眾人所愛的樣子，還是要做自己」吧！

現在，隨著網路的普及，人們獲得時尚資訊的來源不再限於時尚雜誌。在 Instagram 或 WEAR 等社群網站上，也可以看到許多人上傳照片展現自己的穿衣風格。比較兩種社群網站上的風格，可以發現 Instagram 比較偏向奢華、非日常的風格；WEAR 則比較傾向休閒、日常的穿搭。

譯註 [1] Mote 系：モテ系，日語中為受他人歡迎的意思。

比較 Instagram 和 WEAR 會發現，時尚風格除了分為赤文字系的「想被眾人所愛」和青文字系的「想做自己」之外，還有另一種以穿搭性質進行分類的方式——不管是喜歡赤文字系時裝的人，還是喜歡青文字系時裝的人，「上傳到 Instagram 上的照片都是有好好打扮過的樣子，上傳到 WEAR 的則是偏向日常風格的照片」。也就是說，這兩種平臺的用途稍有不同。

25 歲以後，女性們陸續從赤文字系、青文字系畢業，經歷結婚、生產、育兒等過程後，生活型態也逐漸多樣化。這時的女性不只在乎服裝是否符合年齡，也會追求符合自己生活型態的時裝。

比方說，以上班族女性為目標客群的 *CLASSY*、*Oggi* 雜誌，以及以家庭主婦為目標客群的 *VERY* 雜誌在內容上雖然略有差異，不過這些雜誌都是以海軍藍或灰色為基調顏色，給人規矩穩重的印象。比起「做自己」，這些雜誌更傾向於「受眾人所愛」的一面。就這點來說，這些雜誌與赤文字系有些共通的地方。

GINZA、*SPUR* 等雜誌以「表現自我」為主軸，展現出了文青的一面。以追求奢華為目標的雜誌 *VOGUE*、*ELLE*，則在網路上推出了姊妹雜誌 *VOGUE GIRL*、*ELLE GIRL*，以繽紛、流行的色彩擄獲年輕世代的心。*25ans* 則是以富裕階層為目標，介紹同時具備玩心與保守元素的奢華時尚。

綜上所述，女性的時裝可以分成好幾類，但當我們把焦點放在個別的女人上時，卻又可以看到日常的自己與嚮往的自己共存在同一個人身上。穿著大地色衣服的女性，心裡深處嚮往的顏色，或許是海軍藍或金色喔！

第4章

引導自己與團隊邁向成功的「顏色法則」

如何用「紅色」提高注意力？

許多研究皆顯示，紅色有著讓人心跳加速、呼吸頻率增加、腦波的 α 波減少以及促進腦幹清醒的作用。據說紅綠燈之所以用紅色來代表「停止」，也是因為紅色能提升危機感與緊張感。

紅色有提升注意力的功能，可以促進短期記憶。在商業談判與會議上傳達重要訊息時，如果能適時使用紅色，可以幫助對方正確理解內容。

舉例來說，當你向對方說明具體數據或詳細規格時，可以試著在投影片畫面或書面資料上使用紅色。用紅色標註希望對方記住的重要數字，或者在列出數據或規格之前，放一張紅色背景畫面等等，皆可引起對方注意，促進對方將視線移到細節部分。

紅色適合用在需要高度注意力的細膩工作上，譬如工作場所使用紅色裝潢、工作用電腦使用紅色畫面作為背景等等。光是讓紅色進入視野範圍內，就能讓人持續保持高度注意力。

不過，注意力的持續時間也有其極限，適當的休息也很重要。一般來說，注意力大概可以維持 45 分鐘左右。休息室可使用有放鬆效果的藍色或綠色，營造出悠閒舒適的環境。

若能讓視野的顏色在紅、藍、綠間切換，那麼在下一次看到紅色的時候，提升注意力的效果會更強。

綜上所述，紅色能夠提升緊張感、促進注意力集中，卻也會促進原始性的衝動，降低邏輯思考能力。故也有人說，在需要仔細思考的情況下，應該要避免使用紅色。

另一方面，紅色會讓人有想到什麼就講什麼的傾向。如果這能促進人們率直提出自身意見的話，可以幫助眾人了解彼此的性格與偏好，因此在眾人一起腦力激盪、思考解決方案時，可以多使用紅色；不過也有人說，這種狀態下想到的解決方案會偏向實用性的方案，難以獲得富創造力的想法。可見顏色的力量也非萬能，有優點就有缺點。

報告資料中，可以將特別想讓對方注意的數據以紅色表示

如何用「藍色」提高創造力？

相較於紅色，藍色則可讓心跳減速、呼吸頻率降低、血壓下降，使人進入放鬆狀態。進行單純的工作時，適合多使用藍色。在一項實驗中，在不同顏色的電腦背景下工作的受試者們，工作效率會有明顯不同。進行單純的打字作業時，如果背景是藍色的話，工作會比較快完成。

在很有精神的時候，藍色可以提高人們的工作效率；但在心情低落時，藍色卻有很強的鎮靜作用，使人體活動程度過度下降，這時建議你可以改用粉彩系的明亮顏色。粉彩中的黃綠色、藍綠色、粉紅色可以放鬆身心，提高認知功能與工作效率。

人在放鬆狀態下比較能發揮想像力。比方說，出席公司會議時，可以試著將電腦畫面改為藍色、用藍筆做筆記、將視野內的物品盡可能改用藍色，這樣有助於湧現出直覺、萌發出創意。如前所述，粉彩系顏色中的黃綠色、藍綠色、粉紅色等，皆有同樣的效果。你可以試著依照當天的狀況，將藍色改為這些粉彩色系，說不定可以想到更厲害的創意。

團體討論時，我們常會將想法寫在粉彩系的便利貼上，然後貼在各個地方。在電腦或手機的備忘錄程式中，也常將備忘錄做成便利貼的樣子，並讓使用者自行選擇喜歡的顏色。這些工具之所以會使用這些顏色，都是有其原因的。

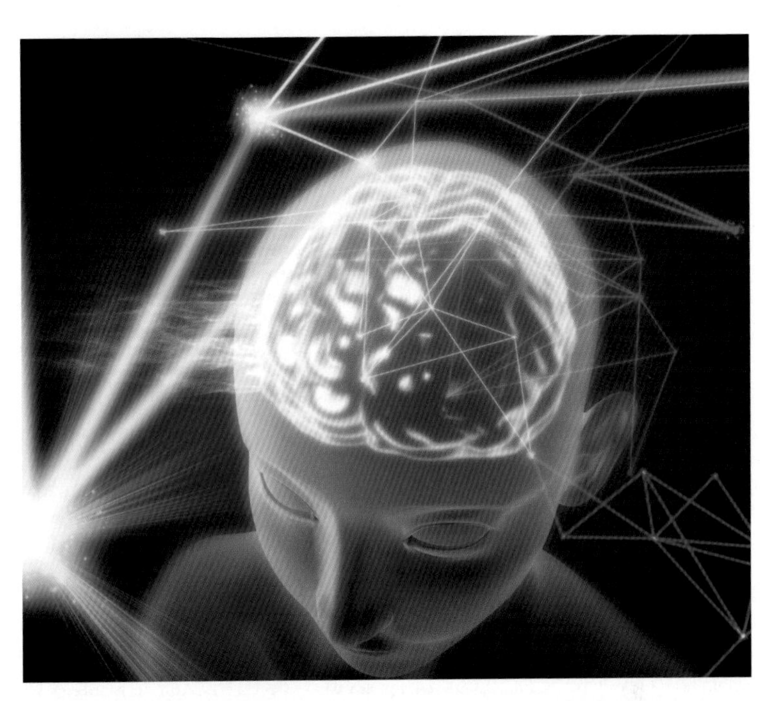

藍色可以讓心情放鬆。參加公司會議時，可以多使用藍色畫面與便條紙。團體討論時，可以多使用粉彩色系的便利貼

賭場示範給你看！
增加你下注金額的「綠色」

植物的綠色是象徵自然的顏色。不過，若我們觀察整個地球，會發現綠色的分布其實並不平均。對於住在沙漠的人們來說，綠色是代表綠洲、生命，甚至是天國的特殊顏色。

綠色不屬於暖色系，也不屬於冷色系，而是被分類為中間色系。綠色有著使心情放鬆的作用，可以提高想像力，這些特徵與藍色相似。不過綠色還可以讓人產生安心感、使血壓下降、心理平靜、促進生理功能再活化。位於彩虹中央的綠色，是帶來安定力量的顏色。綠色可以促進心理平衡、減輕壓力、帶來內心的平靜，促進他人對你產生信任感，使交流更為順利。因此，綠色可以說是能讓人感到相當平靜的顏色。

以賭場為例，最近日本政府決定開放賭場設立，賭場內到處都可以看得到能讓情緒高漲的紅色，但賭桌用的卻是紅色的對比色──綠色。賭桌的綠色可以舒緩玩家的緊張感，吸引玩家多下注。人們雖然不會在賭桌上交談，玩家的自信卻會在不知不覺中逐漸提升，認為自己有可能會贏，進而將賭金加碼。

綜上所述，綠色有助於打開對手的心扉，讓對手鼓起勇氣挑戰難題。當你想說服顧客、上司，或者面臨要做出重大決定的會議時，不妨多用一點綠色。除了可以戴上綠色領帶，在投影片或書面資料上也可以加入一些綠色。當然，最重要的還是要準備充分的資料，使用各種方式說服對方，不過，如果能巧妙地讓綠色進入對方視野的話，或許可以增加對方對你的信任。

賭場中會使用讓人情緒高漲的紅色，以及打開人們心扉的綠色

圖片來源：Shutterstock

文件資料常使用的「三種顏色」

紅、綠、藍、黑這四種顏色是原子筆的常見顏色，譬如多色原子筆通常會是紅黑雙色、紅藍黑三色、紅綠藍黑四色等幾種組合。黑色是無彩色的代表，能讓情緒高漲的紅色為暖色系代表，有鎮靜作用的藍色為冷色系代表，綠色則是介於暖色與冷色之間的中性色代表。

第四個顏色之所以是綠色而不是黃色，是因為紙張通常是白色，不像電腦螢幕那樣可以隨便設定背景顏色，而在白紙上寫字時，綠色會比黃色還要清楚。黃色雖然不常用於文件，但螢光筆中最常用的就是黃色。此外，黃綠色、粉紅色、橙色的螢光筆也很常見。

當我們使用多色原子筆來寫時程表時，常態性的預定事項一般會用黑色書寫、重要事項會用紅色、特殊事項會用藍色、私人事項則可能用綠色書寫。由此可以看出，我們在運用不同顏色時，常隱含著一套規則。

△紅、綠、藍、黑這四個顏色會成為常用色是有理由的

如前所述，紅色可以提高緊張感，藍色可以讓人放鬆，綠色則可在兩者間保持平衡。將各種顏色的效果與使用規則互相對照，會發現對於大多數人來說，各種顏色的使用時機都有其道理存在。

多色原子筆的「紅、藍、綠」等顏色，是報告資料中最常用的顏色。單調無變化的報告會讓聽者覺得很無聊。為了吸引聽者的關注，讓他們專心聽到最後，講者應善用紅、藍、綠等顏色的效果。

舉例來說，特別重要的數字應該要以紅色強調；需要聽者思考的部分應該要以藍色為背景；希望聽者做出判斷時，則要使用綠色。在報告中活用紅、藍、綠的效果，可以讓報告變得生動活潑，增加說服力。

除了紅、藍、綠之外，還有其他顏色可以達到這樣的效果。若是要用在報告上的話，可以考慮以下幾種顏色組合。

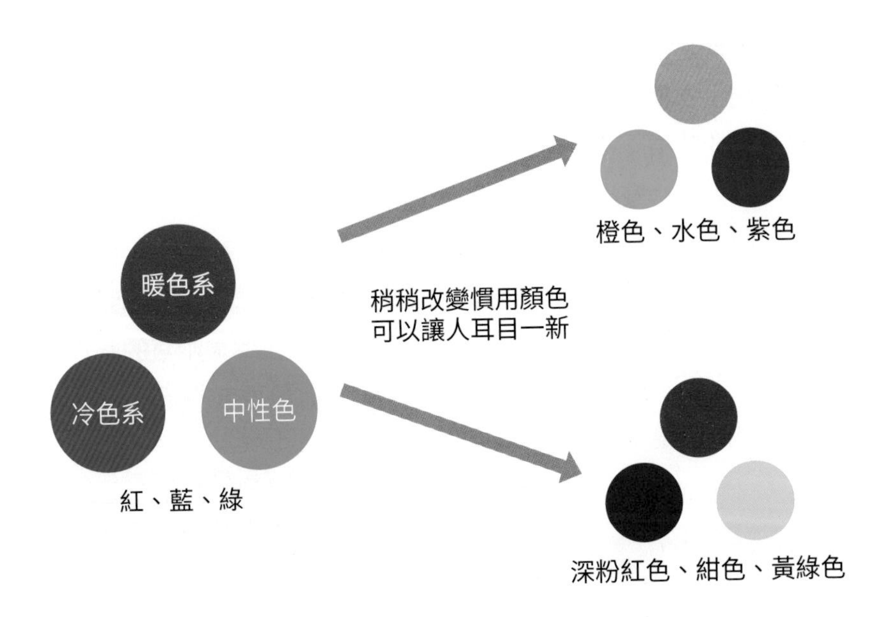

報告時推薦使用的顏色

如何選擇打動人心的主題色？

製作投影片報告時， 應該有很多人會使用 PowerPoint 的模版吧？模版通常會使用多種顏色，不過一個模版通常會有一個面積最大的顏色，也就是主題色。一般人會將看到的東西簡單化後再記下來，所以人們會對一份報告的主題顏色特別有印象。

PowerPoint 的模版大都以暗色為主題色。聽取報告或提案的人，常需依照報告內容做出某些決策，然而做決策時，多半會因為責任感而感到不安，暗色就具有緩和心中不安的效果。雖說是暗色，卻也不是指全黑。這些模版常會設計成漸層的深色，或者是布料花紋般的圖樣與質感。

黑色有讓人從壓力中解放、感到安心的效果；紺色除了有減緩壓力的功能之外，還能使人放鬆；棕色可以溫暖身心，讓人們享受一段悠閒、安穩的時光；接近黑色的墨綠色就像是深邃森林般，有洗滌身心的效果；接近黑色的紫色則融合了藍色的寧靜與紅色的熱情，可讓人的心靈出現戲劇化的搖擺。

投影片模版用色第二多的色系是藍色和綠色。不管是男生還是女生都喜歡這種顏色，因為有著紓解壓力的效果。不過，男性通常會傾向於使用強烈的色彩、有俐落感的配色，希望給人帥氣的感覺；相對而言，女生則比較喜歡用柔和的色彩、有輕盈感的配色，希望給人療癒的印象。

暗色、藍色、綠色都有助於減緩聽取報告時的不安。相對的，有時候我們需要在報告中促進聽眾的腎上腺素，讓他們能夠迅速做出決策。這時就適合用紅色來作為這類報告的主題色。不管是男性還是女性，都會被俐落的紅色吸引，特別是稍微混有一些黑色的紅色最容易引起男性的共鳴 。 當你使用最讓人印象深刻的紅色作為報告的主題色時，請一定要充滿自信地進行報告，引導聽眾進入某種興奮的狀態。

第四種要推薦的顏色是黃色。黃色是明亮而快樂的顏色，和暗色與藍色剛好相反。由於黃色是非常顯眼的顏色，要是報告以黃色為主題色的話，便很難讓人忽略這份報告。這種顏色可以刺激語言中樞，可能可以讓人產生靈感不斷湧出的感覺。

製作報告時，可以試著由報告內容、報告對象來決定要選擇什麼樣的主題色。

製作報告資料時，可以考慮使用暗色、藍色或綠色、紅色、黃色等主題色，各有不同的效果。上圖為微軟釋出的 PowerPoint 模版

圖片來源：https://templates.office.com/

道歉記者會時，要穿什麼顏色的西裝才對呢？

藝人、企業、運動選手及其團隊在開道歉記者會時，總會在電視與網路上掀起軒然大波。如果當事者能夠以真摯的言語和態度打動愈多人的心，這個道歉記者會就愈成功；相反的，如果記者會讓人覺得不自然、不舒服、難以信任的話，這個道歉記者會就會失敗。

服裝是影響道歉記者會能否成功的重要因素之一。穿著整齊服裝參加記者會，是理應遵守的禮節，但如果穿著過於正式，反而會讓一部分的人覺得「過於時髦」、「過於高級」；相對地，要是服裝過於邋遢的話，也會有人覺得「沒水準」、「沒常識」而感到不舒服。在這之間該怎麼拿捏，需視情況而定。

參加道歉記者會時，穿著素面西裝是基本鐵則，應避免穿著布料有光澤、照光時會浮現出紋路的西裝。最保險的顏色，應該是低調的深灰色。依道歉內容而定，在某些記者會上，也可以選擇代表冷靜與信賴的素面紺色西裝。不過用黑色的話，可能會有人抱持不同的意見。

穿著無光澤的黑色西裝時，通常會讓人覺得這個人自知有錯。如果能展現出自己願意負起責任、接受批評的覺悟，也會比較容易獲得眾人諒解。

另一方面，黑色西裝並不是商務上的正裝，所以也有人認為道歉時不應該這麼穿。在高度經濟成長期的日本，黑色的「略禮服」文化逐漸普及開來，至 1990 年代後半時，找工作時的標準服裝就是黑色西裝。在 2000 年代以後，以黑色西裝為正裝的商務人士也逐漸增加。到了現在，日本的黑色西裝甚至可分為三類，不過這是日本獨有的服裝規定，並不存在於歐美。

決定要穿什麼顏色的西裝後，再來就是配合西裝的顏色選擇領帶。領帶可以選擇黑色、紺色、灰色等暗色。要注意的是，素面領帶會讓人留下強烈印象，若要在服裝上低調，請選擇有紋路的領帶。

襯衫請選擇素面平織的白色襯衫，避免穿著休閒襯衫或領扣襯衫。另請穿戴黑色牛皮腰帶、黑色尖頭皮鞋 (straight chip)。襪子以黑色、紺色、灰色為主，最好是長襪，坐下時才不會看見腿毛。

女性的顏色也類似，不要露出肌膚是鐵則。鞋子可選用黑色的簡單款式、3 公分高的跟鞋。可以穿戴的飾品僅限於表面小而薄的腕錶，錶帶最好為黑色牛皮，或者是去光不鏽鋼。頭髮請盤好，妝容請盡量低調……。

在必須道歉的時候，請做好準備。

許多人會在道歉記者會上穿黑色西裝，有人贊成也有人反對。比較保險的選擇是深灰色西裝

面臨重要場合時，請先確認照明用燈光的顏色

開會或進行商業談判的會議室內，常會使用晝白色、晝光色的白色照明。白光可以讓紺色的西裝看起來很清爽，帶有藍色的灰色西裝也和白光很搭，是低調而有品味的顏色。

不過，也不是只有在會議室才會穿西裝。晚間的宴席、約會等場合中，常需要一邊用餐一邊對談，以加深彼此交情。而餐廳常會使用燈泡色、溫白色這種帶有一些黃色的照明燈，這種帶有一些溫暖的光有令人放鬆的效果，也能讓料理看起來更美味。燈泡色和溫白色燈光還可以使黑色西裝看起來更有高級感。

一般會議與商談時，也不是說不能穿黑色西裝，不過最適合的還是紺色或藍灰色西裝。面試用的西裝之所以常用黑色，也許是因為學生們希望自己看起來更體面的關係。

在白色照明的會議室

穿著黑色西裝出席會議或商業會談時，請將自己的所有實力毫無保留地全部發揮出來，並要求自己要有超乎實力的表現。

黑色西裝不只能在宴席或約會時發揮作用，當上司穿黑色西裝，部下穿紺色西裝時，上司的西裝看起來會比較高級。但如果顏色相反的話，上司的紺色西裝看起來就會比較廉價，反而是部下的黑色西裝看起來比較高級。

另外，商務用的黑色西裝中，略禮服與面試使用的黑色西裝在布料與織法上各有不同，略禮服整體而言會比較緊身一些。有些黑色西裝會加入一些流行元素，堅持經典款式的人就不會選擇這類產品，因為這可能會踩到對方的地雷。

不同顏色的照明光，會讓物品的顏色看起來有些微差異。在選擇特定場合穿的西裝時，一定要考慮到照明光的顏色。若能善用照明光的效果，或許能幫助你勝過工作或戀愛上的對手。

在黃色照明的餐廳

有 55% 的人會被綠色領帶騙走？

隨著日本環境省推動的清涼商務 (Cool Biz) 與暖氣共享商務 (Warm Biz) 逐漸普及，運動廳也開始推動運動鞋通勤運動，使得商務西裝不再只是「繫好領帶就行了」。除了服裝以外，還需注意髮型、化妝、香水的使用等，全身各處都需要打理。而在會議與商務談判時，男性最容易讓人留下印象的是領帶的顏色，女性則是襯衫的顏色，都是上半身的顏色。

美國心理學家阿爾伯特．梅赫拉比安 (Albert Mehrabian) 曾進行過一項實驗，實驗結果顯示，當言語資訊、聽覺資訊與視覺資訊矛盾時，有 55% 的人會比較重視外表的視覺資訊。這不只表示我們應該要打理好我們的外表，更代表當我們的發言內容與外表不一致時，可能會使人誤會我們的發言內容。

想像一下，假設有一個以綠色為個人象徵的政治家，正在推動大膽的改革計畫，比起改革的內容，可能有些人更會受到綠色的影響，聯想到調和、平衡、安穩的印象，但在了解到這個政治家的發言內容後，會發現發言內容與這個政治家給人的第一印象不同，進而感到被欺騙了。

如前所述，不管是工作也好戀愛也好，我們都有可能被顏色欺騙，卻沒有注意到事物的本質。發現自己被欺騙之後，可能會開始不信任對方。為了說服對方、建立起信賴關係，我們應盡可能保持發言內容、聲調，以及外表的一致。

選擇和發言內容相符的顏色

參加會議與商務談判時，若領帶顏色或襯衫顏色所代表的意義與發言內容一致，較容易將心中的想法傳達給對方。一種顏色能傳達的訊息不只一個，不過如果要用一句話來表示該顏色的意義，便如上圖所示。

「紅色是隊長的顏色」這句話的謬誤與真實

包括美國總統唐納．川普 (Donald Trump) 在內，許多政治家都很喜歡打紅色領帶。有人認為，這是為了讓「天生領導人」的印象深植民心。確實，看到紅色時，會出現呼吸、心跳加快，產生特殊腦波等生理反應，所以這樣的想法還算合理。不過紅色應該也有文化上的意義才對。

「紅色是隊長的顏色」 這樣的印象可能源自某些影劇作品 。1975 年起連續播放兩年的特攝電視節目《秘密戰隊五連者》便是其

《金剛戰士 (Power Rangers)》的五位戰士。自 1975 年起，拍了四十年以上的《超級戰隊系列》在日本以外的國家也很受歡迎。1993 年起，便有美國公司以日本版為原作，製作了《金剛戰士》系列，在美國播放

圖片來源：Alamy

中之一。戰隊成員分別會變身成紅、藍、黃、粉紅、綠等五位戴著面具、穿著緊身衣的戰士，彼此合作，與侵略地球的敵人戰鬥。

紅連者是有優秀決斷力，與同伴有深厚情誼的隊長；藍連者是頭腦好、冷靜、最年長的副隊長；黃連者是自豪於力量、愛吃咖哩的九州男兒；桃連者是心思成熟的混血美少女；綠連者是喜歡動物與自然的年輕男子。為了顯示出每個戰士都有不同的性格與特色，每個戰士分別以一種顏色代表。

不過對當時的日本小孩來說，紅色並不是「男孩子的顏色」，反而比較像是「女孩子的顏色」。因為男廁的代表色是藍色，女廁是紅色；男孩子的書包是藍色，女孩子的書包是紅色。在小孩子的日常生活中，常會以性別區分使用的顏色。

以紅戰士為隊長的五連者企劃，可以說是一個試水溫的企劃，測試當時人們的顏色常識是否一成不變。最後超級戰隊系列與超人力霸王系列、假面騎士系列等，一同成為了連續播放近四十年的長壽節目。

那麼，讓我們一起來回顧一下從 1975 年的《秘密戰隊五連者》，到 2018 年的《快盜戰隊魯邦連者 VS 警察戰隊巡邏連者》共 42 個作品中，各種顏色的戰士吧！

42 個作品中，每個作品都有紅戰士，而且還有 4 個作品有第二名紅戰士，所以紅戰士的總數為 46 名。就整個系列來看，紅戰士在所有戰士中的比例略高於五分之一，約有 25% 的戰士為紅戰士。依性別來看，42 個作品中都有男性紅戰士，只有 1 個作品中有女性紅戰士。紅戰士在 33 個作品中為隊長，在 1 個作品中為副隊長。在多數作品中，紅戰士都是隊長，特別是 1975～1993 年的作品皆為如此。

1994 年播放的《忍者戰隊隱連者》[1]中的忍者白，是超級戰隊系列第一個女性隊長，主角忍者紅則是系列第一個紅戰士副隊長。

而 1997 年的《電磁戰隊百萬連者》中的百萬紅，則是系列第一個非隊長也非副隊長的紅戰士主角。這部作品中，隊長為百萬黑、副隊長為百萬黃（女性）。自 1990 年代起，陸續有各種顏色的隊長與副隊長登場，甚至還有兩個作品並沒有明確定出誰是隊長。

系列作品中，有 78% 的隊長是紅戰士。不過在 1990 年代以後的紅戰士，逐漸走出了初代紅戰士的框架，比起一個值得信賴的隊長，更像是一個有行動力、很有精神、正向、能炒熱氣氛的角色。

譯註 [1]忍者戰隊隱連者：臺譯《影子神兵》。

超級戰隊系列各作品的戰士與顏色 (1)

		1975～1977 年 秘密戰隊五連者	1977 年 JAKQ 電擊隊	1979 年 戰鬥狂熱 J
紅	男	赤連者★★	黑桃 A ★★	戰鬥日本★★
	女			
藍	男	青連者★	方塊 J	戰鬥法國
	女			
黃	男	黃連者 ※1		
	女			
粉紅	女	桃連者	紅心 Q	美國小姐 ※1
綠	男	綠連者	梅花 K	
	女			
白	男		Big One	
	女			
黑	男			戰鬥肯亞
橙	男			戰鬥哥薩克※1 ★

＊★★為隊長、★為副隊長

在全系列 42 個作品中都有藍戰士登場。有 37 個作品中的藍戰士為男性、5 個作品為女性，以藍戰士為隊長的作品有 1 個，以藍戰士為副隊長的作品則有 9 個。

男性藍戰士常有著冷靜沉著、頭腦清晰的形象，卻會偶爾說出耍笨的臺詞，讓人想要吐槽。另一方面，女性藍戰士在 5 個作品中登場，其中 2 個作品只有一個女戰士，另外 3 個作品則有兩名女戰士，可能是藍與白或藍與粉紅。和情感豐富的女性白戰士與粉紅戰士相比，女性藍戰士的形象比較偏向冷酷的角色。

再來要談的是出場次數不到藍戰士的一半，卻常擔任隊長或副隊長的戰士顏色——黑色。黑戰士全都是男性，於 20 個作品中登場，在兩個作品中為隊長，在 8 個作品中為副隊長。黑色常給人黑暗、邪惡的印象，卻也是強大威力的代表顏色。帶有時髦感的帥氣黑色，在一般戰隊中或許不大容易找到自己的定位。

1980 年 電子戰隊電磁人	1981 年 太陽戰隊太陽火神	1982 年 大戰隊風鏡 V	1983 年 科學戰隊炸藥人
電磁紅★★	火神鷲 ※1 ★★	風鏡紅★★	炸藥紅★★
電磁藍★	火神鯊	風鏡藍	炸藥藍
電磁黃	火神豹	風鏡黃	炸藥黃
電磁粉紅		風鏡粉紅	炸藥粉紅
電磁綠			
		風鏡黑★	炸藥黑★

※1 有分第一代戰士和第二代戰士的作品。譬如 1979 年的粉紅戰士為美國小姐，設定為 FBI 搜查官。故事中，因為第一代粉紅戰士回美國，故第二代粉紅戰士換人擔任。

粉紅戰士與 Pink Lady 的影響

《秘密戰隊五連者》中，有一位女性戰士——桃連者。為什麼不是粉紅連者，而是桃連者呢？當時的日本將低預算的色情電影稱作「粉紅電影」，因此有人認為在給小孩子看的節目中，不適合用「粉紅」這個字。

桃連者的「桃」會讓人聯想到桃色與大腿[1]。女性戰士的設定在當時聽起來很新奇，而「桃」這個名稱也很特別，故粉紅色（桃色）戰士在系列作品中常扮演積極的角色。

在這之後的超級戰隊系列中，女性戰士多為粉紅色，而戰士名稱中的顏色也從「桃」轉變成了「粉紅」。

譯註　[1]桃色與大腿：日語的桃與腿同音。

超級戰隊系列各作品的戰士與顏色 (2)

		1984 年 超電子生化人	1985 年 電擊戰隊變化人	1986 年 超新星閃電武士
紅	男	Red I ★★	變化飛龍★★	紅閃電★★
	女			
藍	男	Blue III	變化天馬	藍閃電
	女			
黃	男			
	女	Yellow IV※2		黃閃電
粉紅	女	Pink V	變化鳳凰	粉紅閃電
綠	男	Green II ★		綠閃電★
	女			
白	男			
	女		變化人魚	
黑	男		變化獅鷲★	

＊★★為隊長、★為副隊長

或許是 1976 年出道的女性偶像雙人組 Pink Lady 活躍於演藝界，才讓人們對粉紅色的印象有所改變。

Pink Lady 的服裝是布滿亮片的迷你裙洋裝，露出了手腳的大片肌膚。她們一開始是以成人男性為目標客群，表演時會一邊跳著激烈的舞蹈一邊唱著歌。但後來，日本許多女孩子們開始模仿她們的舞蹈，使 Pink Lady 成為了社會現象。

桃連者與 Pink Lady 催生出了新的女性形象，刷新人們對粉紅色的印象。另一方面，或許也強化了粉紅色是「女生的顏色」的印象。

在這之後，陸續有許多粉紅戰士登場。在 2018 年以前，共有 31 個作品中有女性戰士，而其中的 50% 左右是粉紅戰士。1970 年代時，粉紅戰士的衣服顏色是淡粉紅色，後來則逐漸轉變成鮮豔的粉紅色。

1987 年 光戰隊蒙面人	1988 年 超獸戰隊生命人	1989 年 高速戰隊渦輪連者	1990 年 地球戰隊五人組
紅蒙面★★	紅獵鷹★★	紅渦輪★★	FIVE 紅★★
藍蒙面		藍渦輪	FIVE 藍
	藍海豚		
	黃獅子★	黃渦輪	
黃蒙面			FIVE 黃
粉紅蒙面		粉紅渦輪	FIVE 粉紅
	綠犀牛		
黑蒙面★	黑野牛	黑渦輪★	FIVE 黑

※2 有分第一代戰士和第二代戰士的作品。第一代的 Yellow IV 是副隊長，第二代則不是。

有些粉紅戰士的服裝還加上了裙子，或者在面罩上加上愛心符號，呈現出女性化的設計。

有粉紅戰士登場的 31 個作品中，有 14 個作品的女性戰士只有粉紅戰士，其他作品中則有兩個甚至三個女性戰士登場。女性戰士的顏色組合如右頁所示。

與女性黃戰士一起登場的粉紅戰士常是文靜可愛的角色；與白色或藍色一起登場的粉紅戰士則是自由奔放的角色。隨著女性戰士的顏色組合愈來愈多，粉紅戰士的角色設定也變得相當多樣。另外也有一些作品沒有粉紅戰士，卻有其他女性戰士登場。

超級戰隊系列各作品的戰士與顏色 (3)

		1991 年 鳥人戰隊噴射人	1992 年 恐龍戰隊獸連者	1993 年 五星戰隊大連者
紅	男	紅鷹★★	霸王龍連者★★	龍連者★★
	女			
藍	男		三角龍連者	天馬連者
	女	藍燕		
黃	男	黃梟	劍齒虎連者	麒麟連者
	女			
粉紅	女		翼手龍連者	鳳凰連者
綠	男		龍皇連者	獅子連者★
	女			
白	男			牙連者
	女	白天鵝		
黑	男	黑禿鷹★	猛獁象連者★	
銀	男			

*★★為隊長、★為副隊長

女性戰士的顏色

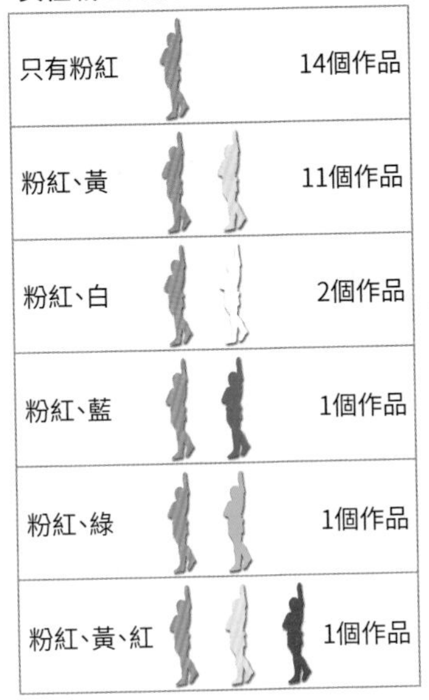

只有粉紅	14個作品
粉紅、黃	11個作品
粉紅、白	2個作品
粉紅、藍	1個作品
粉紅、綠	1個作品
粉紅、黃、紅	1個作品

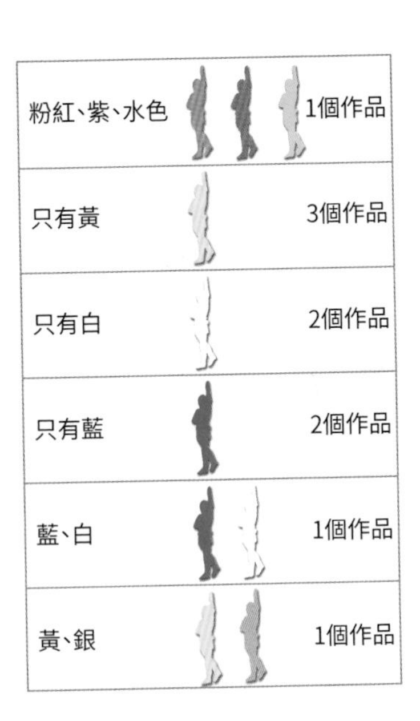

粉紅、紫、水色	1個作品
只有黃	3個作品
只有白	2個作品
只有藍	2個作品
藍、白	1個作品
黃、銀	1個作品

1994 年 忍者戰隊隱連者	1995 年 超力戰隊王連者	1996 年 激走戰隊車連者	1997 年 電磁戰隊百萬連者
忍者紅★	王紅★★	紅車手★★	百萬紅
忍者藍	王藍	藍車手	百萬藍
忍者黃		黃車手	
	王黃		百萬黃★
	王粉紅	粉紅車手	百萬粉紅
	王綠★	綠車手★	
忍者白★★			
忍者黑			百萬黑★★
			百萬銀

擁有多面向的角色會用什麼顏色？

與紅戰士類似，某些作品中有兩位黃戰士或橙戰士。黃色和橙色常給人明亮、很有精神的感覺，作品中卻出現了殉職的劇情。

黃戰士的登場回數僅次於紅、藍，曾在 38 個作品中登場過。其中，22 個作品的黃戰士為男性，16 個作品為女性。

以下兩個作品中有第二位黃戰士登場。1975 年的《秘密戰隊五連者》中，第一代黃連者升遷之後，由第二代黃連者補上。不過第二代黃連者遭到敵對勢力黑十字軍的怪人——開罐器假面的開罐器攻擊而殉職，於是第一代黃連者回歸戰隊。

超級戰隊系列各作品的戰士與顏色 (4)

		1998 年 星獸戰隊銀河人	1999 年 救急戰隊 GOGO V	2000 年 未來戰隊時間連者
紅	男	銀河紅★★	Go Red ★★	時間紅
	女			
藍	男	銀河藍	Go Blue ★	時間藍
	女			
黃	男	銀河黃	Go Yellow	時間黃
	女			
粉紅	女	銀河粉紅	Go Pink	時間粉紅★★
綠	男	銀河綠	Go Green	時間綠
	女			
白	男			
	女			
黑	男			
銀	男			
胭脂	男			
紺	男			

＊★★為隊長、★為副隊長

第一代和第二代黃連者都是由略顯福態的演員來扮演，角色設定為食量大、很有力氣，也很受眾人喜愛的人物。不過之後的黃色戰士都是由標準體型的演員扮演。

1984 年的《超電子生化人》是第一個有兩名女性戰士的作品，包括文靜的 Pink V 和活潑的 Yellow IV，以這個作品為開端，女性戰士除擔任粉紅色戰士以外，也開始有黃色戰士的角色。第一代 Yellow IV 是副隊長，但在殉職後，改由 Green II（男性）擔任副隊長，同時第二代 Yellow IV（女性）登場。

橙戰士則全都是男性，在 3 個作品中登場。1979 年的《戰鬥狂熱 J》中，副隊長——第一代哥薩克戰士殉職後，由第二代頂替。第一代是以力量著稱的戰士，第二代則是以速度自豪，可以說是互為對比的角色。

2001 年 百獸王戰士	2002 年 忍風戰隊破裏劍者	2003 年 爆龍戰隊暴連者	2004 年 特搜戰隊刑事連者
紅獅戰士★★	破裏劍紅★★	暴紅	刑事紅
藍鯊戰士		暴藍	刑事藍★★
	破裏劍藍		
金鷹戰士★	破裏劍黃		
		暴黃	刑事黃
			刑事粉紅
	天空忍者手裏劍者		刑事綠
		暴殺手	
白虎戰士			
黑牛戰士		暴黑★★	
銀狼戰士			
	兜雷者		
	鍬雷者		

在這之後的橙戰士，也都是具有兩個不同面貌的角色。

2014 年的《烈車戰隊特急者》中，第六位登場的戰士是後來才加入的特急 6 號。他本來屬於敵對組織暗影路線，曾是個暗影路線怪人。

2017 年的《宇宙戰隊九連者》中，天蠍橙是戰隊的初期成員。相對於隊長獅子紅，天蠍橙可說是地下隊長般的地位。

最後讓我們來看看白戰士吧！在 10 個作品中各有一名白戰士登場，四名為男性，六名為女性。其中又有一名女性白戰士為隊長。

超級戰隊系列各作品的戰士與顏色 (5)

		2005 年 魔法戰隊魔法連者	2006 年 轟轟戰隊冒險者	2007 年 獸拳戰隊激氣連者
紅	男	魔法紅	冒險紅★★	激氣紅
	女			
藍	男		冒險藍	激氣藍
	女	魔法藍		
黃	男	魔法黃		
	女		冒險黃	激氣黃★★
粉紅	女	魔法粉紅	冒險粉紅★	
綠	男	魔法綠		
	女			
白	男			激氣斬
	女			
黑	男		冒險黑	
銀	男		冒險銀	
紫	男			激氣紫
	女			
金	男			

＊★★為隊長、★為副隊長

象徵光明與善良的白色，幾乎沒有什麼負面形象。但另一方面，白戰士的個性和強度卻不好表現。白戰士通常是優等生的形象，是正統派的戰士。為了表現出男性白戰士的威力，他們衣服通常會有特殊配色和特殊設計。以下兩個作品中的紅戰士曾有過白色的形象，或許這也反映出了白色的雙面性。

2014 年的《烈車戰隊特急者》中，特急 1 號的基本服裝為紅色，不過他曾因墮入黑暗而改穿黑色服裝，也曾穿過彩虹般閃閃發光的服裝。作品中還出現過他失落的時候變成全白的樣子，這是為了表現出他燃燒殆盡後，像是要化成白色灰燼的狀態。

2008 年 炎神戰隊轟音者	2009 年 侍戰隊真劍者	2010 年 天裝戰隊護星者	2011 年 海賊戰隊豪快者
轟音紅★★	真劍紅★★	護星紅	豪快紅★★
	真劍姬紅		
轟音藍★	真劍藍★	護星藍	豪快藍★
轟音黃	真劍黃	護星黃	豪快黃
	真劍粉紅	護星粉紅	豪快粉紅
轟音綠	真劍綠		豪快綠
轟音黑		護星黑	
轟音銀			豪快銀
轟音金	真劍金		

2017 年的《宇宙戰隊九連者》中，獅子紅的變身型態有很多種。天馬獅子紅、太陽獅子紅、獅子紅月亮的服裝顏色都是紅色，不過最強型態的獅子紅獵戶卻是白色。

綜上所述，白色不僅代表究極的顏色，也是表示重置後歸零的顏色。因為白色除了有純潔無垢的意思之外，也有嶄新開始的意思。

◎超級戰隊系列各作品的戰士與顏色 (6)

		2012 年 特命戰隊 Go Busters	2013 年 獸電戰隊強龍者	2014 年 烈車戰隊特急者
紅	男	Red Buster ★★	強龍紅★★	特急 1 號★★
藍	男	Blue Buster	強龍藍	特急 2 號★
	女			
黃	男			
	女	Yellow Buster		特急 3 號
粉紅	女		強龍粉紅	特急 5 號
綠	男		強龍綠	特急 4 號
	女			
白	女			
黑	男		強龍黑★	
橙	男			特急 6 號
銀	男		強龍銀	
	女		強龍銀	
紫	男		強龍紫	
	女		強龍紫	
金	男	Beet Buster	強龍金	
青	男		強龍青	
	女		強龍青	
灰	男		強龍灰	
	女		強龍灰	

＊★★為隊長、★為副隊長

※3 剛開播時的名字為「世界」，戴著黑、金、銀的三色面具。

※4 鳳凰士兵的顏色為紅色與深紺色。

據說《秘密戰隊五連者》這部作品，一開始就沒有打算要獨尊其中一人，而是以希望每個成員都有自己性格的概念去製作的。而且，之後各戰隊、各種顏色的戰士並不會特意去模仿第一代五連者的設定，而是會盡可能地讓戰士們多樣化。不被既有印象限制，或許就是戰士或戰隊能持續吸引觀眾的祕訣吧！

2015 年 手裏劍戰隊忍忍者	2016 年 動物戰隊獸王者	2017 年 宇宙戰隊九連者	2018 年 快盜戰隊魯邦連者 VS 警察戰隊巡邏連者
紅忍者★★	獸王鷹★★	獅子紅 鳳凰士兵 ※4	魯邦紅 ※5 ★★ 巡邏連 1 號 ※5 ★★
藍忍者★		豺狼藍	魯邦藍
	獸王鯊★		
黃忍者	獸王獅	劍魚黃	
			魯邦黃
粉紅忍者		天鷹粉紅	巡邏連 3 號
			巡邏連 2 號
		蝘蜓綠	
白忍者	獸王虎		
	獸王象	金牛黑	
		天蠍橙	
	獸王世界 ※3	蛇夫銀／ 蛇夫金屬 ※6	魯邦 X
		天龍司令	
星忍者		天秤金	巡邏連 X
		小熊天藍	

※5 魯邦紅為紅、黑雙色；巡邏連 1 號則是紅、白雙色。
※6 變身為蛇夫金屬後，會成為銀、紫雙色。

美少女戰士的粉紅色有什麼意義嗎？

超級戰隊系列畢竟是以男孩為目標客群的作品，若說到主打女孩客群的作品，那就是《美少女戰士》了。

《美少女戰士》在講談社的少女漫畫雜誌 *Nakayoshi* 連載，從 1992 年 2 月號到 1997 年 3 月號，電視動畫則從 1992 年 3 月播到 1997 年 2 月。

主角月野兔（水手月亮），以及守護她的「內太陽系」四名戰士為國中生，「外太陽系」的四名戰士則是大學生或小學生，年齡各不相同。另外，月野兔的女兒——豆釘兔（水手小月亮）從未來回到現在，不過外表是小學生的樣子。

水手戰士的戰鬥服融合了水手服和體操服的設計，並加上了皇冠、頸鍊、耳環等閃亮的珠寶配件，相當引人注目。十名水手戰士的戰鬥服顏色源自於西洋占星術中的星座與守護星，這些美麗的顏色，描繪出了女孩們心中嚮往的世界。

不同角色的戰鬥服也有不一樣的設計。舉例來說，劇中有一位年齡和豆釘兔相近，和豆釘兔的關係也很好的角色——土萌螢。豆釘兔變身後的水手小月亮，戰鬥服是可愛的粉紅色；而土萌螢變身後的水手土星，戰鬥服則是有神祕感的紫色。對粉絲來說，淡粉紅色給人的印象，或許和豆釘兔那有點任性、卻也有點小大人的個性有些重疊吧！

月野兔（水手月亮）和木野真琴（水手木星）的戰鬥服都使用了粉紅色的緞帶。不過，有戀人的月野兔用的是略顯成熟的深粉紅色，而戀愛方面較晚熟的木野真琴用的則是有些天真浪漫的淡粉紅色，給人相當不同的印象。

粉紅色是甜美、柔和、浪漫的顏色，不過當人們與戀愛的距離不同時，對粉紅色的印象也不一樣。對於擅長撒嬌的女性來說，粉紅色可能有著正面意義；但不是這種女性的話，可能會對粉紅色抱有複雜的感情吧！

2017 年時在臺灣推出的美少女戰士 25 週年紀念快閃店活動，展示了美少女戰士動畫角色的設定圖

圖片來源：聯合報系

男性偶像團體中代表色是粉紅色的人

讓女性為之瘋狂的男性偶像團體中，每個成員都會有自己的代表色，這樣可以讓偶像們在巨大的演唱會會場中看起來更顯眼，還可用顏色來區分官方販售的產品。有些偶像團體成員的代表顏色並不固定，不過熱情的粉絲仍會將自己支持的偶像的顏色稱作成員色，相當重視偶像與色彩的關聯。

以傑尼斯事務所的偶像團體為例，田原三重唱與澀柹子隊皆為紅、藍、黃；少年隊以黑色取代藍色，為紅、黃、黑；光 GENJI 的成員有紅、藍、黃、綠、紫、粉紅、水色，雖然沒有黑色成員，卻多加了紫、粉紅、水色；SMAP 為紅、藍、黃、綠、粉紅、白，雖然少了黑色和水色，卻新加了白色。

◎男性偶像團體與成員所使用的顏色 (1)

團隊名稱 (活動時期)	田原三重唱 (1980 ～ 1983 年)	澀柹子隊 (1982 ～ 1988 年)	少年隊 (1982 年～)
紅	田原俊彥	本木雅弘	錦織一清
藍	野村義男	藥丸裕英	
黃	近藤真彥	布川敏和	植草克秀
黑			東山紀之
綠			
紫			
粉紅			
橙			
水色			
白			

也就是說，新團體不僅僅是單純增加顏色，每個團體的顏色組合也盡可能做出區別。另外，SMAP 的中居正廣和稲垣吾郎曾經交換彼此的顏色，一個從粉紅換成藍色，另一個則從藍色換成粉紅色。

以粉紅色為代表色的男性偶像，起於 1987 年出道的光 GENJI 的諸星和己。前面提到的中居正廣、稲垣吾郎則緊跟在後，也使用粉紅色。2000 年以後出道的瀧與翼以及之後的團體，幾乎都可以看到代表色是粉紅色的成員。瀧澤秀明（瀧與翼）、手越祐也 (NEWS)、龜梨和也 (KAT-TUN)、藤谷太輔 (Kis-My-Ft2)、知念侑李 (Hey! Say! JUMP)、戶塚祥太 (A.B.C-Z)、小瀧望 (Johnny's WEST)、岩橋玄樹 (King & Prince) 皆為其所屬團體的粉紅色成員。你可能會想問，這些團員會不會是因為看起來比較女性化，所以才被選為粉紅色的呢？不過對於熱情的粉絲而言，粉紅色或許並不是女孩專屬的顏色，更是能強烈代表上述人物形象的顏色。

光 GENJI (1987 ～ 1995 年)	SMAP (1988 ～ 2016 年)	TOKIO (1990 年～)	V6 (1995 年～)
山本淳一	木村拓哉	長瀬智也	森田剛 ※3
內海光司	稲垣吾郎	國分太一	坂本昌行 ※4
佐藤敦啟	草彅剛	山口達也 ※2	岡田准一 ※3
赤坂晃	香取慎吾	城島茂	井之原快彥 ※4
大澤樹生		松岡昌宏	長野博 ※4
諸星和己	中居正廣		
			三宅健 ※3
佐藤寬之			
	森且行 ※1		

※1 森且行於 1996 年退出。
※2 山口達也於 2018 年退出。
※3 V6 有分成兩團各三個人分別展開活動。這三個人為 Coming Century 的成員。
※4 這三個人屬於 20th Century 的成員。

男性偶像團體扮演的戰隊有一段故事

關西出身的關西傑尼斯 8 曾模仿超級戰隊系列的形式，在演唱會上表演「關西傑尼斯 8 連者」的故事。這個故事有兩部電影化作品，分別是 2012 年的《關 8 戰隊》與 2014 年的《關 8 戰隊 2》。

正義的一方──《關 8 戰隊》會穿著與戰隊系列類似的「關 8 戰隊服」，和邪惡集團「B.A.D 團」戰鬥。戰隊服的七種顏色，分別決定角色的個性與氣場，也是故事劇情的關鍵。

關 8 戰隊的成員──大倉忠義曾在廣播節目中聊到當初決定個人代表色的經過。其中，紅、黃、藍、橙、(粉紅) 等顏色很快就定下來了，再來是紫色，不過大家花了不少時間在決定大倉忠義和

男性偶像團體與成員所使用的顏色 (2)

團隊名稱 (活動時期)	KinKi Kids (1993 年～)	嵐 (1999 年～)	瀧與翼 (2002～2017 年)
紅	堂本光一	櫻井翔	
藍	堂本剛	大野智	
黃		二宮和也	
黑			
綠		相葉雅紀	
紫		松本潤	
粉紅			瀧澤秀明
橙			
水色			今井翼

橫山裕誰要用綠色。一開始預定要讓大倉忠義用黃綠色、橫山裕用綠色，不過有人認為這樣的話，不容易區別出舞臺上的兩人，於是最後決定讓大倉忠義用綠色，橫山裕用黑色。不過，兩位出席電視與廣播節目時，都曾提過他們對自己的顏色不大滿意。

超級戰隊系列中，綠色戰士的存在感比較低，定位比較不明確。不過一些作品中的綠色戰士會給人穩重、善良的印象，或許還會有著令人意外的一面，是很有個人特色的有趣角色。關 8 戰隊的綠連者角色在設定上也有著有趣的一面。

另外，超級戰隊系列的紫色戰士通常會叫作紫〇〇。不過，村上信五所演出的紫色戰士卻不叫紫連者，而是叫作茄子連者。由於劇中的戰士們稱呼彼此時常會省略「連者」，直接叫顏色名稱，故其他戰士會直接稱紫色戰士為「茄子」。

KAT-TUN (2001 年～)	NEWS (2003 年～)	關西傑尼斯8 (2002 年～)	Kis-My-Ft2 (2005 年～)
赤西仁 ※5	山下智久 ※6	澀谷昴 ※7	北山宏光
上田龍也	錦戶亮 ※6	安田章大	
田中聖 ※5	增田貴久	錦戶亮※7	玉森裕太
		橫山裕	
	加藤成亮	大倉忠義	二階堂高嗣
中丸雄一	小山慶一郎	村上信五	宮田俊哉
龜梨和也	手越祐也 ※6	內博貴 ※7	藤谷太輔
田口淳之介 ※5		丸山隆平	橫尾涉
			千賀健永

※5 赤西仁於 2010 年退出、田中聖於 2013 年退出、田口淳之介於 2016 年退出。
※6 山下智久、錦戶亮於 2011 年退出、手越祐也於 2020 年退出。
※7 內博貴於 2005 年退出、澀谷昴於 2018 年退出、錦戶亮於 2019 年退出。

團體成員改變代表色的方法

為了讓觀眾在影像中及舞臺上能清楚分辨出超級戰隊系列或男性偶像團體中的每個成員，成員們通常會使用彼此差異很大的顏色作為代表色，並將顏色數調整在能讓人輕易識別所有顏色的範圍內。

提高識別度後，就算觀眾站得很遠，也能分辨出是哪個成員，看起來也會比較繽紛多彩。以顏色標記事物就像是在製作一套符號系統一樣，需考慮顏色的心理學意義與社會性意義。

最近，超級戰隊系列和男性偶像團體都採用了水色和黃綠色作為新角色的顏色。不過，和水色、黃綠色相比，當多種顏色呈現在眼前時，紅、黃、橙、粉紅等高彩度的暖色系顏色會比較容易讓人注意到。

◎男性偶像團體與成員所使用的顏色 (3)

團隊名稱（活動時期）	Hey! Say! JUMP（2007 年～）	A.B.C-Z（2008 年～）	Sexy Zone（2011 年～）
紅	山田涼介 ※8	橋本良亮	佐藤勝利
藍	伊野尾慧 ※9	五關晃一	中島健人
黃	八乙女光 ※9	塚田僚一	
黑			
綠	岡本圭人 ※8		松島聰
紫	高木雄也 ※9	河合郁人	菊池風磨
粉紅	知念侑李 ※8	戶塚祥太	
橙	有岡大貴 ※9		Marius 葉
水色	中島裕翔 ※8		
黃綠	藪宏太 ※9		

※8 曾組成期間限定組合 Hey! Say! 7。
※9 團隊內組合 Hey! Say! BEST 之成員。

2000 年以後的超級戰隊系列中，有 3 個作品有兩名紅戰士登場。在 2009 年的《侍戰隊真劍者》中，有一位「真劍姬紅」在故事中後期登場，並揭露主角真劍紅其實只是表面上的當家。2018 年的《快盜戰隊魯邦連者 VS 警察戰隊巡邏連者》中，則分成了怪盜與警察兩個戰隊。在這兩個作品中，都有兩個紅戰士登場。而 2017 年的《宇宙戰隊九連者》中，除了主角獅子紅之外，後來還加入了鳳凰士兵（紅色與深紺色）。

2015 年出道的男性偶像團體 King & Prince 用的顏色是紅、黃、黑、紫、藍、粉紅等傳統戰隊顏色，不過在 2018 年的活動中，各成員分別自稱為真紅、向日葵黃、漆黑、紫草、綠松藍、深粉紅等新的色名。雖然沒有改變色系，但只要稍微改變色名與色調，便能帶來很不一樣的演出。

4U (2011 年～)	Johnny's WEST (2014 年～)	King & Prince (2015 年～)
越岡裕貴	重岡大毅	平野紫耀 ※10
	藤井流星	神宮寺勇太 ※11
辰巳雄大	中間淳太	高橋海人 ※10
		永瀬廉 ※10
福田悠太	神山智洋	
松崎祐介	濱田崇裕	岸優太 ※11
	小瀧望	岩橋玄樹 ※11
	桐山照史	

※10 團隊內組合 Mr. KING 之成員。
※11 團隊內組合 Prince 之成員。

為什麼錢形老爹要穿「棕色」的大衣？

如同前面我們看過的，超級戰隊系列與男性偶像團體中，成員們使用的顏色（白、黑、紅、藍、綠、黃、棕、桃、灰、橙、紫等）正陸續增加中。不過，仍有某些顏色並不適合戰士與男性偶像。

其中一個是灰色。2013 年的《獸電戰隊強龍者》中，強龍灰（鐵碎、津古內真也）是一個個性獨特的角色，但整個系列中也就只有他這麼一個灰戰士。他的形象或許來自明治大正時期的代表文人畫家，同時也是名氣響亮的儒學學者——富岡鐵齋。

另一個則是棕色。棕色屬於大地色的一種，當戰士們在原野上戰鬥時，棕色可以發揮迷彩效果。由蚱蜢等昆蟲的形象衍生而來的假面騎士系列，就有許多迷彩配色的騎士們登場。

灰色和棕色雖然很不起眼，卻能讓人聯想到日式侘寂美學，可說是隱藏了日本 DNA、獨具日式魅力的顏色。

《魯邦三世》中，拼了命想逮捕魯邦的錢形警官（錢形幸一）可以說是棕色形象的代表人物。他常穿戴 Burberry 的風衣和費多拉帽，穿米色風衣時會配上棕色西裝，穿紅棕色風衣時則會配上米色西裝，算是一種深淺棕色的搭配。

他是一位熱衷於工作、責任感很強、很有正義感且無法容許邪惡存在的警官，不過在動畫中也有具人情味的一面。

刑警與偵探特別適合棕色和米色

圖片來源：Shutterstock

魯邦常叫他 「老爹」，聽起來錢形警官好像比魯邦老很多的樣子，但其實魯邦和錢形警官過去曾是同一個大學的學長學弟，魯邦大一時錢形警官大四。可能是因為棕色的形象，讓錢形警官看起來比較老、比較頑固。不過他樸實的米色裝扮也會讓人覺得特別親切，使他成為了廣受大家歡迎的角色。

女性偶像團體的顏色分配

1997 年以後，Hello! Project 推出了包括早安少女組在內的許多女性偶像團體，並為每一位偶像團體成員設定代表顏色。不過 2005 年開始的 AKB 集團則不會為個別成員設定顏色，而是有自己獨特的色彩設計。

在 2018 年 12 月時，光是日本國內就有 381 名 AKB 集團成員，而日本國內外加起來則高達 648 人，是一個非常大的團體。AKB 集團的定位為邁向夢想的中繼站，所以在新成員加入的同時，也會有成員陸續「畢業」。

AKB 集團以「可以面對面的偶像」為基本運作概念，底下每個團體都有自己的常設劇場，且會定期公演。AKB 集團也有地區性偶像的一面，各個地區性團體的標誌也融入了代表當地的顏色，譬如 NMB48（大阪）的豹紋、STU48（瀨戶內）的水藍色與白色條紋、BNK48（曼谷）的蘭花色等。

這些標誌的顏色又叫作團體代表色。劇場公演時組成的 Team A、Team K 等隊伍，也會以顏色來區別。因為她們是在劇場這種很小的空間公演，所以似乎沒必要用顏色來區分每個成員。

另一方面，與 AKB 集團不同，乃木坂 46 和欅坂 46 等「坂道系列」則不進行劇場公演，而是以冠名節目的演出為主。與 AKB 類似，坂道系列的標誌顏色也稱作團體代表色，但因為坂道系列沒有劇場公演活動，所以不會分隊伍，也不需要隊伍色。

2015 年來臺宣傳活動的 AKB48 成員高橋南（中）、川本紗矢（左）與向井地美音（右）。在 AKB 集團的記者會上，常會使用具有團體代表色的背板

圖片來源：聯合報系

女性偶像令人印象深刻的顏色與外型

成功打入海外市場的 Perfume 與 BABYMETAL 都是女性三人團體，不過兩者的音樂性和顏色戰略卻有很大的不同。

Perfume 走的是 techno-pop 音樂類型，搭配近未來風格的服裝，在舞蹈、姿勢及視覺上營造出人偶般的形象。在一首曲子中，站在中心位置的成員常會改變，所以識別三人的方式並不是靠站位，而是仰賴服裝與髮型。

不過 Perfume 的三人很少會穿不同顏色的服裝，而是在同色服裝的樣式上稍做變化。在髮型的區分上，樫野有香 (KASHIYUKA) 是齊瀏海的長直髮；西脇綾香 (a-chan) 是留著有層次、略為彎曲的瀏海並綁馬尾；大本彩乃 (NOCCHi) 則是露出額頭的直髮鮑伯頭。

BABYMETAL 的服裝則融合了金屬與偶像的概念，相當搶眼。迷你蓬蓬裙縫了許多皺褶、衣服上有大量的摺邊及蕾絲，正是標準的偶像風格，顏色上卻使用了黑、紅、銀等金屬風格的配色。

BABYMETAL 成員的站位和髮型固定，馬尾的 SU-METAL 站中央，雙馬尾的 YUIMETAL 和 MOAMETAL 則分別站在面向舞臺的左方與右方。

在「2012 年 MTV 日本音樂錄影帶大獎」上演出的 Perfume。服裝的顏色相同，外型卻略有差異

圖片來源：時事通信 Photo

於英國「Leeds Festival 2015」登場的 BABYMETAL。YUIMETAL（左）在 2018 年 10 月時退出。

圖片來源：Alamy

髮色有著改變人生的力量

在日本，許多人會在上大學後染髮，不過，在開始找工作時，又會染回黑髮。因為一般認為在找工作時，黑髮給人的印象比褐髮還好。

另外，空服員之類的職業需要給人乾淨俐落的形象，以博取客人的好感，因此，公司除了會規定化妝和髮型之外，也會詳細規定髮色。每個航空公司的規定不大一樣，不過東亞的航空公司通常不允許空服員染褐髮。

各家染髮劑廠商對各髮色的稱呼都不一樣，於是日本染髮協會 (Japan Hair Color Association, JHCA) 制定了髮色亮度標準 “Level Scale”，作為美髮師學習時的工具。黑髮為 Level 5、金髮為 Level 15。許多公司會將員工髮色亮度的上限訂在 6～8 左右，這個顏色的頭髮會比黑髮還要平易近人一些。

當開始在意頭上長出白髮時，一般人便會想將白髮染黑。不過在鈴木一郎、三浦知良與吉川晃司等人的影響下，愈來愈多人選擇任由白髮生長，使整體髮色轉為灰色或銀色。

從黑髮染成褐髮、從褐髮染成黑髮或從黑髮轉為灰髮。許多日本人會在人生的特定時期改變髮色。有時候是為了符合社會規範而不得不為，有時候則是為了轉換心情而染髮，想藉此發揮出正面的力量。

舉例來說，日本足球國手長友佑都在 2018 FIFA 俄羅斯世界盃足球賽之前，突然染成了金髮。他也在 Twitter 上說出了染金髮的原因。

「想要成為超級賽亞人，拯救全隊。」

雖然沒有辦法進入前八強，不過日本代表隊的優異表現仍受到許多國外媒體的稱讚。

在 2018 FIFA 俄羅斯世界盃足球賽，日本對比利時的賽事中，積極進攻的長友佑都選手

圖片來源：時事

猶豫的時候，就用「萬用的白色」吧！

目前已有研究指出，顏色的某些效果源自於生理上的反應。不過顏色也可以喚起我們的記憶、激發我們的想像力，使我們的大腦與心靈產生各種反應。

如同我們在超級戰隊系列、偶像、動畫中看到的顏色使用一樣，當人與顏色結合時，更能表現出這個人的個性，或者更能凝聚團隊。而偶像透過顏色與地區結合，可以建立起和粉絲間的聯繫。

隨著時代的演變，人們對顏色的印象也在逐漸刷新。在關西傑尼斯 8 連者的例子中，五連者的概念催生了戰隊化的偶像；在 BABYMETAL 等例子中，金屬風與偶像風巧妙地融合在一起。於是人們對顏色的印象就像年輪蛋糕一樣，一層層逐漸累積了起來。

當我們需要選擇顏色時，可能會難以抉擇。建議你可以先準備好「萬用的白色」，應付各種狀況。

人們承受壓力時，會覺得自己的內心遭到汙染，這時候如果泡個澡、洗淨身體，或者造訪所謂的能量景點，都可以幫助身心恢復。因為我們在做這些事時，會想像自己內心的汙染被洗淨，才會覺得有紓解壓力的效果。

白色也有同樣的效果。為了不要讓身心累積過多壓力，每週請穿一次白色的衣服。和舊衣相比，全新的白衣更能給人被淨化的感覺。如果你覺得壓力很大的話，不如試著穿穿看全新的白色衣服。

「白色」是消除壓力的顏色。白色衣服是生活中容易接觸到的物品

參考資料

書籍

永田泰弘／監修《日本の色・世界の色》(ナツメ社、2010 年)

ジャン＝ガブリエル・コース／著、吉田良子／譯《色の力　消費行動から性的欲求まで、人を動かす色の使い方》(CCC メディアハウス、2016 年)

堀越英美／著《女の子は本当にピンクが好きなのか》(P ヴァイン、2016年)

タルマ・ローベル／著、池村千秋／譯《赤を身につけるとなぜもてるのか？》(文藝春秋、2015 年)

ニコラス・ハンフリー／著、柴田裕之／譯《赤を見る―感覚の進化と意識の存在理由》(紀伊國屋書店、2006 年)

フランソワ・ドラマール／著、ベルナール・ギノー／著、ヘレンハルメ美穗／譯、柏木 博／監修《色彩　色材の文化史》(創元社、2007 年)

村田純一／著《色彩の哲学》(岩波書店、2002 年)

池田光男／著《眼はなにを見ているか　視覚系の情報処理》(平凡社、1988 年)

大山 正／著《色彩心理学入門　ニュートンとゲーテの流れを追って》(中央公論新社、1994 年)

論文

Eva C. Buechel, Claudia Townsend, "Buying Beauty for the Long Run: (Mis) predicting Liking of Product Aesthetics" (*Journal of Consumer Research*, Volume 45, Issue 2, pp. 275～297, 2018)

Kasun Ratnayake, John L. Payton, O. Harshana Lakmal & Ajith Karunarathne, "Blue light excited retinal intercepts cellular signaling" (*Scientific Reports*, Volume 8, Article number: 10207, 2018)

網站

日本經濟産業省　特許廳　新しいタイプの商標の保護制度について (2015/4/1)
https://www.jpo.go.jp/seido/s_shouhyou/new_shouhyou.htm

一般社團法人　日本流行色協會 (JAFCA)
https://www.jafca.org/

Intercolor
http://intercolor.nu/

日本經濟産業省　日本工業規格 (JIS) を制定・改正しました (2018/4/20)
http://www.meti.go.jp/press/2018/04/20180420006/20180420006.html

American Academy of Ophthalmology
No, Blue Light From Your Smartphone Is Not Blinding You (2018/8/20)
https://www.aao.org/eye-health/news/smartphone-blue-light-is-not-blinding-you

※尚有其他更多的參考論文及網站。

主編
高文芳、張祥光

蔚為奇談！宇宙人的天文百科

宇宙人召集令！
24 名來自海島的天文學家齊聚一堂，
接力暢談宇宙大小事！
最「澎湃」的天文 buffet

這是一本在臺灣從事天文研究、教育工作的專家們共同創作的天文科普書，就像「一家一菜」的宇宙人派對，每位專家都端出自己的拿手好菜，帶給你一場豐盛的知識饗宴。這本書一共有 40 個篇章，每篇各自獨立，彼此呼應，可以隨興挑選感興趣的篇目，再找到彼此相關的主題接續閱讀。

主編
洪裕宏、高涌泉

心靈黑洞——意識的奧祕

意識是什麼？心靈與意識從何而來？
我們真的有自由意志嗎？
植物人處於怎樣的意識狀態呢？
動物是否也具有情緒意識？

過去總是由哲學家主導辯論的意識研究，到了 21 世紀，已被科學界承認為嚴格的科學，經由哲學進入科學的領域，成為心理學、腦科學、精神醫學等爭相研究的熱門主題。本書收錄臺大科學教育發展中心「探索基礎科學系列講座」的演說內容，主題圍繞「意識研究」，由 8 位來自不同專業領域的學者帶領讀者們認識這門與生活息息相關的當代顯學。這是一場心靈饗宴，也是一段自我了解的旅程，讓我們一同來探索《心靈黑洞——意識的奧祕》吧！

乍者
月立德（David L. Hu）

睪者：羅亞琪
審訂：紀凱容

破解動物忍術 如何水上行走與飛簷走壁？動物運動與未來的機器人

水黽如何在水上行走？蚊子為什麼不會被雨滴砸死？
哺乳動物的排尿時間都是 21 秒？死魚竟然還能夠游泳？
讓搞笑諾貝爾獎得主胡立德告訴你，這些看似怪異荒誕的研究主題也是嚴謹的科學！

★《富比士》雜誌 2018 年 12 本最好的生物類圖書選書
★《自然》、《科學》等國際期刊編輯盛讚

從亞特蘭大動物園到新加坡的雨林，隨著科學家們上天下地與動物們打交道，探究動物運動背後的原理，從發現問題、設計實驗，直到謎底解開，喊出「啊哈！」的驚喜時刻。想要探討動物排尿的時間得先練習接住狗尿、想要研究飛蛇的滑翔還要先攀登高塔？！意想不到的探索過程有如推理小說般層層推進、精采刺激。還會進一步介紹科學家受到動物運動啟發設計出的各種仿生機器人。

國家圖書館出版品預行編目資料

打動人心的色彩科學／松本英惠著;陳朕疆譯.——初版一刷.——臺北市：三民，2020
面；　公分.——(科學+)

ISBN 978-957-14-6941-6（平裝）
1. 色彩心理學

176.231　　109014128

科學+
打動人心的色彩科學

作　　者　松本英惠
插　　圖　森真由美
譯　　者　陳朕疆
責任編輯　紀廷璇
美術編輯　陳惠卿

發 行 人　劉振強
出 版 者　三民書局股份有限公司
地　　址　臺北市復興北路 386 號 (復北門市)
　　　　　臺北市重慶南路一段 61 號 (重南門市)
電　　話　(02)25006600
網　　址　三民網路書店 https://www.sanmin.com.tw

出版日期　初版一刷 2020 年 10 月
書籍編號　S300320
I S B N　978-957-14-6941-6

三民書局